本书为国家社会科学基金重大项目
“当代俄罗斯哲学研究”（项目号 18ZDA018）的阶段性成果

俄罗斯哲学研究引论

［俄］谢·谢·霍鲁日 著
张百春 译

西苑出版社
XIYUAN PUBLISHING HOUSE
·北京·

序

一

根据字面意义，俄罗斯哲学，即俄国哲学，就是俄罗斯人或俄国人（不局限于俄罗斯本土）建立的哲学；另外一个标志是，其成果主要是用俄文表述和发表的。俄罗斯哲学属于源自古希腊的欧洲哲学的大传统，欧洲主要民族都在这个传统的框架下创造了自己的哲学，如德国哲学、法国哲学、意大利哲学等。如果考虑到后来的美国哲学，那么可以称这个大传统为欧美哲学传统或西方哲学传统。至于到底是俄罗斯哲学，还是俄国哲学，这是用词的选择问题，在这里，我们使用俄罗斯哲学。

然而，在欧洲哲学里，或者在西方哲学里，我们很难找到俄罗斯哲学的影子。无论写多少卷欧洲哲学史或西方哲学史，其中都没有俄罗斯哲学的位置。

学界对俄罗斯哲学的误解是非常深的，我国学界也不例外。比如，车尔尼雪夫斯基、别林斯基和杜勃罗留波夫等唯物主义流派曾经被认为是俄罗斯哲学的代表，他们的哲学甚至被看作俄罗斯哲学的最高成就。但是，很多人（包括本书作者霍鲁日教授）认为，与唯物主义流派对立的宗教哲学才是俄罗斯哲学主要的和最高的成就，才能真正代表俄罗斯哲学。我国学界对俄罗斯唯物主义哲学传统比较熟悉，对俄罗斯宗教哲学却非常陌生。在使用俄罗斯宗教哲学这个术语时，至今还需要先对其做出说明：这里的宗教哲学不是一般理解的关于宗教的哲学研究（类似于科学哲学等），而是宗教性质的哲学。关于宗教性质的哲学，我们的理解通常还停留在中世纪天主教的经院哲学。

在俄罗斯，宗教哲学是在 20 世纪 80 年代末期返回哲学界，并随之出现一股传播和研究俄罗斯宗教哲学的热潮；在我国学界，在 20 世纪 90 年代初，已经有人关注俄罗斯宗教哲学，其中的经典著作开始被翻译成中文出版，同时，严肃的研究工作也展开了。我国俄罗斯宗教哲学研究者的译介与研究工作大大地促进了我们对俄罗斯宗教哲学的了解。比如，现在人们对索洛维约夫、别尔嘉耶夫、舍斯托夫等俄罗斯的伟大哲学家的名字和他们的思想已不再陌生。俄罗斯宗教哲学的主要代表人物思想、个别专题的中文呈现是非常充分的。近年来，莫斯科大学教授马斯林经常说，今天的中国已经成为俄罗斯哲学研究的新的世界中心之一。[①] 至少从研究人员队伍数量上看，从对俄罗斯哲学的译介方面看，这个说法显然是站得住脚的。但是，在俄罗斯哲学的研究成果方面，我们和其他俄罗斯哲学研究中心（主要在欧美国家）还有很大的差距。

不过，总体上说，让俄罗斯哲学“重返欧洲”“回归西方”传统依然是当今俄罗斯哲学界努力的目标。是俄罗斯哲学太独特了，以至于无法融入欧洲和西方传统，在其中找不到自己的位置，抑或是在俄罗斯哲

---

① *Маслин М.А.* Разноликость и единство русской философии. Санкт-Петербург: Издательство РХГА, 2017. С.154.

学里没有独创性的东西，它根本不属于欧洲哲学的主流，而是其附庸、微不足道的细枝末节？如果是这样，它就配得上现在的命运。然而，还有一种可能，俄罗斯哲学被误解了。这个误解可能有两方面的原因：一方面，可能是它自己“误导”了研究者；另一方面，研究者没有找到合适的方法驾驭它，传统的哲学史研究方法都不适合它。在我们看来，最后一点，即研究方面的问题是导致俄罗斯哲学至今无法在西方哲学传统里找到自己位置的主要原因。正因为如此，俄罗斯哲学的独特性，它的本真意义、价值及其未来的发展方向等，始终没有获得揭示。在俄罗斯哲学研究领域，大部分学者没有明确的立场、方法和方向，关于俄罗斯哲学，他们没有形成自己的观念。

二

霍鲁日（С.С.Хоружий，1941—2020）于 1964 年毕业于莫斯科大学物理系（量子理论与统计物理学教研室），1967 年在苏联科学院数学研究所获得副博士学位并留在该研究所工作，1976 年通过数学物理学博士学位论文答辩。霍鲁日几乎一辈子都在数学研究所工作，但他并非一辈子都研究数学。从自己学术道路的一开始，哲学就是其关注和研究的对象，特别是俄罗斯哲学。在霍鲁日的后半生，哲学成为他的主要研究领域，而且他的主要学术成就都是在哲学研究方面取得的。苏联解体后，年过五旬的霍鲁日开始与俄罗斯科学院哲学所展开积极的合作（最后调入哲学所工作，同时在俄罗斯高等经济大学兼职）。对一个在苏联时期从事严肃的哲学研究的人而言，这段独特经历是典型的。从表面上看，霍鲁日在哲学的“体制外”研究哲学，但是，“体制外”的处境（特别是物理学）给他从事哲学研究这种具有高度意识形态风险的事业提供了庇护。

霍鲁日对哲学的研究几乎与他的数学、物理学方面的专业研究同时展开。就在霍鲁日获得数学物理学副博士学位的1967年，他为苏联时期著名的五卷本《哲学百科全书》撰写的词条“虚无”发表在第四卷上。此后，在俄罗斯科学院数学研究所的掩护下，霍鲁日从事着俄罗斯哲学研究，具体而言是其中的宗教哲学。在苏联时期，这是如何可能的呢？要知道，宗教哲学与苏联官方意识形态是完全对立的，是受批判的对象，并遭到禁止。因此，研究俄罗斯宗教哲学在当时是有一定风险的。

在苏联哲学界，俄罗斯宗教哲学的文献是不允许流传和阅读的，在官方书店里也买不到。但是，在图书馆里，经过特殊许可，可以借阅到一部分宗教哲学家的著作（供研究和批判用）。比如，索洛维约夫、别尔嘉耶夫等人的著作是可以被借阅到的。此外，在“赫鲁晓夫解冻”之后，“地下出版物”开始流行，俄罗斯宗教哲学的部分经典文献就以这种方式流传开来。因此，在苏联时期，对俄罗斯宗教哲学方面的书籍的禁止不是绝对的。在高校和科研机构里，甚至有人公开研究俄罗斯哲学，当然，这里研究的主要是俄罗斯哲学里的唯物主义传统。至于唯心主义哲学和宗教哲学，对它们的研究仍然受到各种限制，只被允许研究其中的一小部分，而且是作为批判的对象，批判的立场是辩证唯物主义。1961 年，在莫斯科出版了一部《俄罗斯哲学史》教材。[1] 作者是列宁格勒人，教材的基础是作者在列宁格勒大学哲学系讲课的内容。在这部教材里，严格的辩证唯物主义是研究和评价俄罗斯哲学的唯一标准。各类唯物主义学说在教材中获得了非常详细的介绍，车尔尼雪夫斯基、别林斯基、杜勃罗留波夫、赫尔岑等都单独成章；宗教哲学几乎是缺乏的，虽然索洛维约夫是个例外，但是他的哲学在其中也只占了八页（总共四百多页），与其他两位唯心主义哲学家（契切林和维坚斯基）的哲学一起构成了一章。

在国外，在俄罗斯的流亡哲学圈子里，俄罗斯哲学史方面的几部重要著作均已出版，如弗洛罗夫斯基的《俄罗斯神学之路》（1937）、别尔嘉耶夫的《俄罗斯理念》（1946）、津科夫斯基的《俄国哲学史》（1948、1950）和尼·洛斯基的《俄国哲学史》（1951）等。这些作者都是俄罗斯宗教哲学的著名代表，他们的立场与当时俄罗斯哲学界的官方立场对

---

① *Галактионов А., Никандров П.* История русской философии. Москва: Издательство социально-экономической литературы, 1961.

立。在自己的著作里，他们主要关注的是宗教哲学，而不是辩证唯物主义。

当霍鲁日开始研究俄罗斯哲学时，通过各种途径，还是可以获得必要的材料的。根据霍鲁日自己的回忆，在莫斯科大学物理系就读时，他就阅读过索洛维约夫、别尔嘉耶夫和弗洛连斯基等人的著作。总之，他对俄罗斯宗教哲学的基本文献是非常熟悉的，这一点还可以从他在苏联时期撰写的文章中看出来。不过，这里的关键是霍鲁日的俄罗斯哲学研究的独特立场：一方面，他彻底放弃了苏联官方哲学的立场（辩证唯物主义）；另一方面，他也没有重复流亡圈子里的俄罗斯哲学史研究的路径和立场。

霍鲁日的俄罗斯哲学研究的成果首次呈现在他于1974年（或1975年）撰写的一篇篇幅很长的文章《哲学过程在俄罗斯是哲学与东正教的相遇》中（这时，他正准备数学物理学专业的博士论文答辩）。和他在俄罗斯哲学研究领域的其他大部分成果一样，这篇文章在当时也没有能够发表，只能以“地下出版物”的形式流传。在这篇文章里，霍鲁日对整个俄罗斯哲学过程进行了考察，对俄罗斯哲学的性质做出了判断，即俄罗斯哲学是哲学与东正教的相遇。他尝试在俄罗斯哲学与东正教之间建立联系，并依据这个联系考察俄罗斯哲学及其历史。在一定意义上，霍鲁日关于俄罗斯哲学的基本观念（立场和方法）在这篇文章里已经形成，后来虽然经过了一定的变化，但是其实质部分始终没有变。据霍鲁日回忆，这篇文章曾经流传到国外，比如，流亡圈子里非常有影响的杂志《俄罗斯大学生基督教运动通讯》（在巴黎出版）收到过这篇文章，但拒绝发表（主要原因应该是文章作者的立场问题）。

在苏联时期，尽管无法发表俄罗斯哲学研究方面的文章和著作，但霍鲁日从未停止过自己的研究。1974年，霍鲁日还完成了一部篇幅不大的著作《弗洛连斯基的世界观》（1999年第一次公开发表），在文中，他完全贯彻了自己在《哲学过程在俄罗斯是哲学与东正教的相遇》里表述的俄罗斯哲学研究的立场。

在苏联解体前夕，对俄罗斯宗教哲学的禁止开始松动。苏联解体后，俄罗斯宗教哲学成为大部分哲学研究者关注的对象。原来从事俄罗斯哲学研究的人立即放弃以前的辩证唯物主义的批判立场，转而对俄罗斯哲学进行宣传和歌颂。此外，一大批哲学家也加入了俄罗斯哲学研究的队伍中。俄罗斯哲学史课程甚至成为高校哲学系最受欢迎的课程之一。然而，在这股俄罗斯哲学的热潮中，严肃的研究工作几乎完全是缺乏的。这个时期的主要工作是出版（包括再版）俄罗斯哲学家们的经典著作，此外就是编撰教材，开设课程，撰写一些介绍性的文章。自由时代的到来并没有唤起哲学家们在俄罗斯哲学研究领域的创作热情；无论是对俄罗斯哲学的歌颂，还是对它的批判，都缺乏严肃的、创造性的研究，甚至过去的意识形态痕迹依然存在。总之，绝大部分学者对在自由状态下研究俄罗斯哲学都没有做好准备。

与其他研究者不同的是，霍鲁日没有空手参与对俄罗斯哲学的研究。首先，他在苏联时期写的一批成果陆续得以公开发表；其次，在自由的环境里，他继续深入研究俄罗斯哲学，其独特的立场和观念在不断地成熟和完善。霍鲁日发表的每一篇文章、每一篇学术会议的报告，以及出版的每一本书都具有独创性和新意。在俄罗斯哲学研究领域，他生前出版过三部著作——《中断之后：俄罗斯哲学之路》（1994）、《论旧与新》（2000）和《俄罗斯精神传统简论》（2005 年，2018 年再版时增补了很多内容）。实际上，它们都是文集，收录了作者在不同时期撰写的俄罗斯哲学研究方面的论文（包括学术会议的报告）。非常有趣的是，这三部著作的结构基本上是一样的，大致可以分为两部分：第一部分内容是对俄罗斯哲学的过去的研究，即俄罗斯哲学史研究；第二部分内容是对俄罗斯哲学的未来的展望，即作者希望俄罗斯哲学接下来应该往哪个方向发展，应该研究什么问题。尽管这三部著作在结构、风格和主题上是一样的，但是，读者不会感觉到其中有任何重复。我们认为，其主要原因是，霍鲁日在俄罗斯哲学研究方面有独特的立场、方法，也可以说有一套独特的观念（**концепция**），而且他在每一本书、每一篇文章里都从不同角度展开和深化这个观念。正是这个独特的观念决定了他的研究立场、方法和特色。

三

在《哲学过程在俄罗斯是哲学与东正教的相遇》里，霍鲁日明确地指出："俄罗斯哲学过程的实质与思想内容必然包含通过哲学理性的手段，在哲学理性的形式里对东正教的认识和研究。本真的俄罗斯哲学传统不能不从东正教经验的土壤出发。"这个立场与斯拉夫派的立场几乎完全一致，即把俄罗斯哲学与东正教密切地联系在一起。但是，直到苏联解体，俄罗斯哲学与东正教之间的联系始终没有获得揭示，不但与东正教有密切联系的俄罗斯哲学一直没有建立起来，而且俄罗斯哲学对东正教的研究甚至没有在严肃的学术意义上展开。东正教是一个复杂的现象，其中到底是什么东西可以与哲学建立起这样的密切联系呢？在东正教传统里，是否包含对俄罗斯哲学的建构而言有益的资源？这是霍鲁日在开始研究俄罗斯哲学时就关注的核心问题。

1978 年，霍鲁日撰写了一本小书《缄默的两部曲：关于人的苦修学说的神学与哲学阐释》（1991 年首次出版）。他在书中表达了一个根本信念："在东正教灵性里——而且，主要是在其‘实践的’部分，在神秘生活和苦修里，而不是在神学和教义里——隐藏着对人、对人的使命以及实现这个使命的途径的特殊而完整的观点；隐藏着真正完整的经验人学，业已形成的关于人及其永恒实质的学说。”[①] 现在我们清楚了，在霍鲁日看来，对哲学而言，在东正教里包含的有价值的资源就是东正教苦修（аскеза）传统，即灵修（духовная практика）传统，其核心是静修主义（исихазм）。从此，霍鲁日对东正教的研究就集中在了静修主义。

至此，霍鲁日的立场已经非常明确：俄罗斯哲学的原初任务和使命是揭示和表达东正教的静修主义。他根据这个立场来判断俄罗斯哲学的总体命运和具体内容。在研究俄罗斯哲学时，他希望在其中找到对静修主义的表达，结果当然是一无所获。斯拉夫派正确地提出了俄罗斯哲学的原初任务和使命，不过，他们只表达了一个愿望，却没有建立自己的哲学；另外，

---

① *Хоружий С.С.* Диптих Безмолвия. Аскетическое учение о человеке в богословском и философском освещении. Москва: Центр психологии и психотерапии,1991.С.3.

他们对静修主义也没有明确的意识。白银时代的俄罗斯宗教哲学虽然取得了辉煌的成就，但是在这些成就里依然看不到对静修主义的表达，甚至找不到与东正教传统的内在关联。白银时代的宗教哲学家们在东正教里没有找到适合自己哲学建构的资源。可以说，他们的宗教哲学里的宗教不是东正教。因此，白银时代的宗教哲学偏离了俄罗斯哲学的原初任务，没有完成这个根本性的使命。在霍鲁日看来，卡尔萨文和弗洛连斯基等人是例外，因为在他们的宗教哲学里有一些苗头，它们指向了东正教。但是，与白银时代的其他哲学家一样，静修主义完全位于他们的视野之外。后来，在苏俄，宗教哲学很快被人为地终止了，流亡到国外的白银时代的宗教哲学家们在补写了自己的最后篇章后，纷纷离开人世，宗教哲学在流亡圈子里最后也走向了终结。显然，俄罗斯宗教哲学的命运（终结）与它没有完成自己的使命有一定的关联。

霍鲁日认为，俄罗斯宗教哲学在流亡圈子里最后走向终结，但这并不意味着是俄罗斯思想的终结。他发现，在流亡圈子里，在俄罗斯东正教神学里出现了被俄罗斯宗教哲学漏掉的静修主义，神学家们已对静修主义展开了深入的研究。用霍鲁日的话说，在流亡的东正教神学思想里发生了静修主义转向。他尝试把静修主义转向从神学领域转移到哲学领域。俄罗斯哲学里的静修主义转向是霍鲁日的贡献，这个贡献具体表现在他对静修主义人学的重建（其成果发表于1998年出版的《苦修现象学简论》）。霍鲁日证明，在东正教传统里，准确地说，在静修主义里包含了一套独特的人学，这是经验的人学，揭示、挖掘和重建这套静修主义人学是俄罗斯哲学的根本任务和使命。斯拉夫派关于俄罗斯哲学的构想在霍鲁日这里被具体化了。在俄罗斯哲学的历史上，霍鲁日首次尝试重建静修主义人学，并出色地完成了这个任务，并且在静修主义人学的基础上，霍鲁日创立了自己的协同人学（синергийная антропология）。协同人学是俄罗斯哲学的一个重大成就，与此同时，协同人学的意义远超俄罗斯哲学，它也是当代世界哲学的一个重要成果。

四

无论如何，都不能说俄罗斯的学界不了解霍鲁日在俄罗斯哲学研究领域的独特立场、方法和观念，以及他的协同人学。他在西方甚至也有一定的知名度，因为他用英文写过一些文章，他的一部分文章还被翻译成英文。苏联解体后，他经常出国参加学术会议和讲学。然而，霍鲁日的哲学研究一开始就处在边缘化的地位，即使晚年他来到哲学研究所工作，他和他的哲学研究依然被边缘化。比如，他基本上没有招收硕士生和博士生，几乎没有严肃的追随者，也没有人传播他独创性的哲学思想和学说。霍鲁日自己也承认，在今天的俄罗斯哲学界，无论是他在俄罗斯哲学研究领域的成果，还是其具有独创性的协同人学，都没有获得很好的接受。

2019 年 10 月 10 日，霍鲁日在位于莫斯科旧阿尔巴特大街的洛谢夫之家（Дом А.Ф. Лосева）开始举办他一生中最后一个系列学术讲座。他预计讲八次，但最终只讲了五次。笔者有幸参加了这个系列讲座(前三讲）。在第一讲的开场环节里，霍鲁日自豪地说，中国学界对他的学说（主要是指协同人学）的了解要比俄罗斯好一些。在当今俄罗斯哲学界，很多人都抱怨霍鲁日的文字表达有些艰涩，阅读他的文章和著作不是一件容易的事（其实，任何具有独创性的哲学学说都是如此）。不过，我们认为，当代俄罗斯哲学界没有很好地接受霍鲁日的哲学学说，原因不在文字表达上。

2005 年，霍鲁日首次来到中国，在北京师范大学等高校做讲座。当时，他在俄罗斯哲学研究方面的主要成果已经得以发表，他的协同人学理论初步建立，并正处在完善阶段。此后，他经常来中国，尤其是最近这十多年，他与中国保持着非常密切的学术交流，无论是他对俄罗斯哲学研究的独特方法，还是他自己独创性的哲学——协同人学，在中国学界都有比较充分的译介。2009 年至 2019 年，他在中国举办了三次系列学术讲座（相当于三门课程），内容均已被翻译成中文出版。值得一提的是，这三部著作的中文版均为首发，目前没有其他文字版本。当然，其中的大部分内容用俄文（或其他语言）曾经发表过，但是，霍鲁日的著作在中国的这种呈现方式是绝无仅有的。此外，他的一批重要文章也都被译成中文发表。对自己的哲学思想在中文里的呈现，他非常满意。

当然，关键不是数量。霍鲁日在俄罗斯哲学研究领域的独特观念为我国的俄罗斯哲学研究者提供了全新的立场和方法；他在俄罗斯哲学研究基础上创立的协同人学为我国的哲学研究提供了一个哲学创造的样板。我们相信，霍鲁日的哲学成就（俄罗斯哲学研究的独特观念和协同人学）不但可以在数量上丰富我们的哲学研究，而且在实质上也将会促进和推动我们的哲学创造。当然，这只是愿望，准确地说，这还是问题：研究俄罗斯哲学对中国哲学以及中国人的精神世界有什么意义？换言之，包括霍鲁日哲学在内的整个俄罗斯哲学对中国哲学意味着什么？这个问题需要我们的俄罗斯哲学研究者们自己寻找答案了。

对于霍鲁日大量的俄罗斯哲学研究文章，本书只收录了四篇。《俄罗斯哲学的产生》和《俄罗斯哲学的主要观念》基于霍鲁日2009年夏天在北京师范大学举办的系列学术讲座——“协同人学与俄罗斯哲学”。《哲学过程在俄罗斯是哲学与东正教的相遇》是霍鲁日的早期作品，文章写于1974年（或1975年），1991年首次发表在俄罗斯哲学界最高级别的杂志《哲学问题》上；霍鲁日在俄罗斯哲学研究领域的独特观念的雏形在这篇文章里获得了首次呈现，用他自己的说法，在这篇文章里，他提供了一个俄罗斯哲学的“内部模型”。《新教父综合与俄罗斯哲学》是霍鲁日根据自己1993年在美国的一次学术会议上的报告写成，也是在《哲学问题》（1994年）上首次发表。在这篇文章里，霍鲁日为俄罗斯哲学提供了一个“外部模型”。因此，可以把后面这两篇文章看作“姊妹篇”。《哲学过程在俄罗斯是哲学与东正教的相遇》首次用中文发表，其他三篇文章均已有中文译文，此次发表时，译者对它们做了校对。

本书的名称里有“引论”二字。我们希望这本小书能把我国的俄罗斯哲学研究引到正确的方向。

张百春

2022年12月12日

目　录

谢尔盖·谢尔盖耶维奇·霍鲁日

Сергей Сергеевич Хоружий

俄罗斯哲学的产生

作为一个完整的现象，俄罗斯哲学属于庞大的欧洲哲学传统。欧洲哲学源于古希腊，一直发展到今天。在这个传统框架下，欧洲每个主要民族的文化都建立了自己的哲学，俄罗斯哲学就是这些地方民族哲学传统中的一个。不过，在这些欧洲地方哲学传统中，俄罗斯哲学很独特，它与其他地方的哲学传统有明显的不同。

为了理解俄罗斯哲学的特点及其个性面貌，理解欧洲哲学和世界哲学的多样性，我们首先要弄清楚一个问题，即一般哲学的任务是什么？也就是说，哲学应该干什么？每个民族的哲学传统都有其普遍任务——哲学应该以特殊的方式，即以哲学的方式表达自己民族的社会和人的精神内容、文化内容和精神追求。俄罗斯哲学应该表达俄罗斯社会和俄罗斯人的追求，表达俄罗斯理性形态的基础。

就性质而言，哲学的这个任务是普遍的。每个哲学传统在开始自己道路的时候，都应该有一个一般的任务，也就是说，首先应该有一个需要用哲学形式来表达的资源。我们的任务就是描述俄罗斯哲学在其开始的时候所拥有的资源。

学界通常认为，俄罗斯文明文化的有机体及其历史存在始于罗斯受洗。罗斯受洗是一个历史事件，甚至可以说是一个历史过程，即接受基督教的过程。这个过程的特点是传递（трансляция），即从拜占庭向罗斯传递一种广泛的宗教和文化的内容，包括物质的和思想的内容。对我们的主题而言，思想层面的内容是主要的。我们用一个词组来表达从拜占庭传递到罗斯的这些文化和思想的内容，这是我们要引入的第一个基本概念：东方基督教话语（восточный христианский дискурс）。对我们而言，这是一个非常重要的术语（下面我会给出它的定义）。

我们的第一个论点是：东方基督教话语从拜占庭

向罗斯传入，这是俄罗斯文化过程的开端。在俄罗斯意识的形成过程中，在俄罗斯意识的历史上，东方基督教话语的作用是主导性的和决定性的。正是东方基督教话语塑造了俄罗斯意识，决定了它的结构，成为其内容的基础。后来，在俄罗斯历史上，当哲学开始产生的时候，东方基督教话语又决定了俄罗斯哲学的任务。

所以，我们的第一个任务就是准确地界定什么是东方基督教话语，并描述其内容。我打算这样来界定它：东方基督教话语首先是一套话语。什么是话语（дискурс）？我是在一般学术意义上理解话语的，即话语是一个符号过程，是表达实在的一种方式，也是理解实在的一种语言。具体而言，东方基督教话语是由东正教，即东方基督教创立的，包括塑造东方基督教（拜占庭，然后是俄罗斯）的心智（менталитет）和文明文化有机体所需要的精神的、观念的和认识论的资源。

东方基督教话语大致是从 4 世纪开始创立的，从那个时候开始，它的主要特点业已形成。其主要特点是东方基督教话语的基础是一定的基督教宗教经验

(опыт)。理解这个特点的最好手段是对比。在4世纪，离东西方基督教会的分裂还很遥远，但在西方基督教世界已经形成了另外一个立场，另外一套西方基督教话语（западный христианский дискурс）。西方基督教产生于西罗马帝国，它认为自己的主要任务是建立完整的、完善的教会组织，发展出完善的、无所不包的教义体系。尽管这个任务是很自然的，但是，东方基督教认为自己的任务不在这里，而在另外一方面，即使人通过某种方式获得自己个人的精神经验和宗教经验。这个经验其实就是最初的基督教信徒，即基督的弟子们所获得的那种经验，他们曾经直接与基督产生过个人的交往，在这个交往过程中，他们达到了与基督的结合。因此，东方基督教提出的主要任务是如何获得真正的基督教经验，即追求神、与神结合的经验。显然，东方基督教的任务与西方基督教的任务是完全不同的。

追求神，与神结合不是建制性的，而是个人的、存在意义上的任务。要解决这个任务，就需要另外的资源。假如首要任务是获得经验，那么就要发展一种特殊的实践，以便培养和展示如何获得这样的经验。

其实，这里也有自己的普遍逻辑。在每种文化里，在每个大的世界宗教里，都会出现两个趋势：一个趋势以建制为主，为了创造完善的学说；另一个趋势不以建制为主，而是把重点放在如何让人获得一定经验，通过一定手段铺设自己的道路上。

我尝试做个类比。在中国文化里，儒家强调生活的组织建制方面；相反，道家则强调获得个人经验。由此可见，儒家更类似于西方基督教（天主教），道家更类似于东方基督教（东正教）。

在4世纪，当东方基督教把获得一定的宗教经验置于首位时，它便开始制定相应的实践（практика），这是一种精神修炼（духовное упражнение）方式，其任务就是要再现真正的宗教经验，即与神交往的经验。从这个时候开始，东方基督教的核心内容便发展出来了，即苦修主义和神秘主义的静修主义实践（исихастская практика）。而且，这种修炼的一般结构在当时就立即清楚了。在修炼过程中，修行者应该通过一定的方式改变自己，从一般人的通常状态达到可以与神结合的一种状态。这里的主要任务是清楚地理解人应该达到一个什么样的状态。这个状态可以用一个东方基督教的特殊概念来表达，即神化（обожение，теозис）。神化的意思是与神结合，这是东方基督教的基本术语和主要理想。在神化的状态下，人与神结合，因此，他要经历巨大的改变，这时，在他身上不但有人的特质，而且有另外一种存在层面和方式的特质。

尽管神化状态只涉及个人，但是，修行者们从一开始就清楚孤立的个人无法完成这个任务，应该有一个共同体，其成员共同制定这条精神实践的道路。需要什么样的经验，如何获得这样的经验，借助于什么样的手段才能获得它，这显然不是一个人的任务，而是在很长的历史时期内才能完成的任务，是多代人努力的结果。于是就出现一个传统（традиция），或共同体（сообщество），在这个共同体里，其成员在从事一种特殊的修炼。当东方基督教为自己提出获得一定经验的任务后，它就要同时形成两个东西：一个是一定的人学实践、人学过程，在这里，人将改变自己，这部分涉及个人；另一个是需要一个集体，要有集体的任务，就是要成立这样一个共同体，其中的成员从事这种修炼，并逐渐制定修炼方法，当这种修炼方法被制定出来后，还要将其保存下来，并完全精确地把它传递下去。

东方基督教话语有自己的组成部分，其核心是静修主义。从内容上说，静修主义包括两个方面，第一个是静修主义实践，第二个是静修主义传统（исихастская традиция）。这两个方面加在一起，即实践的个体方面和集体方面，也就是静修主义这个词的基本内容。当我们谈到静修主义时，指的就是这两个方面。我们发现，在这里，我们用静修主义这个词描述的现象也是普遍的，它在每个宗教文化里都应该出现。比如，在道教里，既有个体修炼的人学方面，也有集体修炼方面，即成立共同体，建立修道院，制定修炼方法，并传递这个修炼方法。这两个方面加在一起，就可以被称为精神实践（духовная практика，或译为灵修）和精神传统（духовная традиция，或译为灵性传统、灵修传统）。这样，我们就能大致地解释什么是静修主义了。静修主义有自己产生和发展的历史，这是单独的话题。

静修主义是东方基督教话语主要的，但不是唯一的组成部分。东方基督教是个复杂的现象，静修主义表达了基督教实质自身所规定的部分。但是，罗马帝国的遗产罗马多神教也进入了东方基督教。从 4 世纪开始，在东方基督教里，在东方基督教的话语里，就出现了另外一个组成部分，它已经具备罗马多神教的特征。基督教变成罗马帝国的国教，这是具有决定性意义的事件。和在其他地方一样，在罗马帝国，宗教也具有非常重要的功能，即对政权的神圣化，使国家建制合法化。国家赋予宗教的任务是，在所有臣民、所有公民的意识里，确立世俗政权本质的神圣性。这里涉及的不但是政权的神圣性，而且包括政权体现者的神圣性，即确立政权及政权领袖的神圣性。罗马官方宗教，古代罗马多神教的礼仪履行了这个职能，即使政权及其体现者神圣化。当基督教成为罗马帝国的主要宗教时，皇帝必然要把这个职能交给基督教。早期基督徒所创立的那个基督教并没有担负起这个职能，当时的基督教对待政权的态度完全是另外一个样子，根本不把政权神圣化。当基督教成为国教之后，其内部就发生了改变，新的组成部分进入其中。我们用一个词来描述这个新的组成部分——神圣化（сакрализация）。所谓的神圣化，就是肯定某些现象、对象、建制和一般的人间存在秩序与神的联系，根源于神，具有神的本质。对哲学家而言，很明显，在神圣化背后有一个哲学立场、论点。如果可以断定经验生活里的一种现象或事物拥有神的本质，拥有与神的联系，那么，我们就说它们拥有某种神圣的本质，换言之，在世界与神之间，在经验世界与神之间存在着本质上的联系。

显然，与此同时，还可以有完全不同的另外一种宗教性。如果我们说人可以追求神，通过交往的途径与神结合，那么，我们并不是说他有某种本质，而且这个本质具有神圣性；我们说，如果他用自己的能（энергия）追求神，这时，他就与神有联系；如果他不追求神，那么他与神之间就没有任何联系。这是一种能的联系，完全是另外一种类型的联系。因此，基督教从一开始就有了能的宗教性，这个宗教性就是由静修主义来表达的。但是，当基督教成为国教后，其中就有了另外一个组成部分，另外一种类型的宗教性，即神圣化的立场。于是，在东方基督教话语里出现了两个组成部分：神化（静修主义）和神圣化。它们拥有不同的本质。因此，基督教不是均质的，在它的组成部分里包含了能的宗教性因素，即人在个性交往中与神发生联系，这是人与神之间的全部关系。但是，还有另外一种宗教性，另外一种立场。根据这个立场，在世界上有神圣的东西，如神圣的礼仪、神圣的建制，首先是国家政权及其体现者，即皇帝。

这样，在东方基督教里，有两个不同的宗教立场，它们导致不同的后果。它们之间有相互作用，但不是和谐的，而是冲突的。在这里，我们找到了一个描述历史过程的关键或方法，其手段是考察这两个宗教立场之间的相互关系。在每个时代，它们之间的关系都是不同的，是可以改变的。我们的任务就是跟踪这个关系的演化。就一般特点而言，在东正教历史上，占统治地位的通常是神圣化。但我们认为，基督教宗教性最实质的方面是另外一个部分，即我们所谓能的宗教性——静修主义、神化。这些方面占主导地位的少数时代都是非常重要的时代，也是基督教文化繁荣的时代，它们为基督教文化做出了自己的贡献，还会有自己的未来。这就是东方基督教话语的组成。这套话语从拜占庭传到罗斯，并成为俄罗斯意识需要加以表达的资源。

我们要记住，东方基督教话语有两个组成部分——神化范式和神圣化范式，它们之间相互作用，在每个时代，它们之间都有非常特殊的关系，我们要研究这个关系是如何变化的。这就是我们研究俄罗斯历史的方法。下面我们就过渡到俄罗斯。

众所周知，东正教是从拜占庭传递到基辅罗斯的。我们不打算在此详细地描述俄罗斯的历史，但是，我们要指出俄罗斯历史的三个主要阶段：基辅罗斯（9—13世纪）、莫斯科罗斯（14—17世纪）和俄罗斯帝国（从18世纪到十月革命）。我们现在考察东方基督教话语里的两个主要组成部分在不同时期的相互关系。

在基辅时期，东方基督教话语从拜占庭传入罗斯。这套话语里的两个方面，即神化和神圣化，都获得了积极的发展。但是可以说，这个时期占统治地位的是本真的基督教立场，即静修主义和神化。这就可以解释为什么一般的历史学家都把基辅时期理想化，将其视为俄罗斯历史的黄金时代。关于俄罗斯历史的这个早期阶段，历史学家们的这些意见有些夸张，但是他们正确地指出，在这个时期，基辅罗斯确实存在正确的基督教、理想的基督教，它在一定程度上遵循了基督教的基本方针，如慈善、社会公正等。

后来的情况发生了变化。近几百年内，另外一个立场在宗教和国家里获得了强化，即神圣化的趋势日益增长并占据了主导地位。神圣化范式首先表现在与国家政权的关系上。国家政权越来越强大，越来越要求宗教服从自己，宗教不但要为国家服务，而且要为最高政权服务，并对其神圣化。除了与政权的联系，神圣化范式还表现在礼拜仪式上。神圣化倾向越是强烈，日常的经验生活因素就越被看作是神圣的。在这种情况下，日常的生活方式受到专门的礼仪规约，任何事情都不能简简单单地做，因为一切行为和活动都包含有礼仪的、神圣的和神秘的方面。日常生活自身已成为神圣的、礼仪化的。这种状况与历史的动态过程是对立的。既然一切都是神圣的，日常生活也成为神圣的，那么，国家和社会就脱离了实际的历史过程。既然国家和社会里的一切都是神圣的，那么，它们就不需要任何发展过程了。历史发展的过程在其中已经结束，社会成为一个僵化、神圣的机体：上面是神圣的政权，下面是神圣的日常生活，一切都变成了庞大的礼拜仪式系统。历史在这里结束，历史不再发展。

在莫斯科罗斯时期，俄罗斯就在朝着这个静止的、神圣的和礼拜仪式化的社会发展。

但是，需要指出的是，莫斯科时期开始于14、15世纪，当时是另外一种情况。在那时，占统治地位的是静修主义传统，是圣谢尔基·拉多涅日斯基（Сергий Радонежский，1314—1392）和圣安德烈·鲁布廖夫（Андрей Рублёв，1350/1360—1428）的时代。静修主义对那个时代的整个俄罗斯文化都产生了影响。它不是一个狭小的、封闭的传统，而是扩展到了整个俄罗斯生活的方方面面，比如艺术，甚至还有政治。因此，莫斯科时期的历史进程是很重要的，也是戏剧性的。开始的时候，即14—15世纪，占统治地位的是静修主义，其著名代表是圣谢尔基·拉多涅日斯基和圣安德烈·鲁布廖夫；在莫斯科时期结束的时候，即17世纪，出现了一个僵化的王国，它面临脱离历史的危险，那是沙皇阿列克谢·米哈伊洛维奇（Алексей Михайлович，1645—1676年在位）所在的时代。

与这个历史事件进程相关还有一种危险，它来自和俄罗斯相邻的西欧。西欧完全是按照另外一个模式发展的。17 世纪，在西欧出现了科学的进步，文化得到了积极发展，是积极的动态历史过程。当然，这一切对邻居俄罗斯均产生了影响。

由于西方的影响，在俄罗斯社会生活和文化生活里，出现了另外一个冲突。

礼仪化的社会没有资源发展自己的文化，形成自己的文化传统，因此，社会意识的文化需求只能依靠来自西方的文化资源来满足。通常情况下，在发达社会里，必然会产生和发展自己的文化传统。但是在俄罗斯，存在哪些可用来发展自己文化传统的可能性呢？显然,只有在真正的基督教本有的宗教性基础上，才可能发展出文化，哲学、神学和思想领域等都是如此。在拜占庭，这些资源的确曾经被用来发展自己的文化，尽管被利用得不充分。莫斯科时期的俄罗斯压制了静修主义的组成部分，这使得自己的东方基督教文化的发展成为不可能。因此，在俄罗斯，发展文化的唯一可能性就是转向西方，借用西方文化，这就是所谓的西方化。西方化是俄罗斯历史发展的重要因素。

从这个时期开始（大致是 17 世纪），俄罗斯文化的主要内容都是从西方拿来的。俄罗斯文化变成了西方化的文化，这就出现了另外一个冲突，同时也是俄罗斯思想领域的内在矛盾：精神传统是东方基督教的，但文化却是西方的、西方化的。精神传统与文化传统之间出现了冲突。

在莫斯科罗斯末期，俄罗斯面临巨大的危险，它变成了神圣化的社会，没有可能发展自己独特的文化，只剩从西方借用来的文化。在宗教生活里，占统治地位的是神圣化；在文化生活中，占主导地位的是西方化。无论是神圣化，还是西方化，都是不健康的、非创造的趋势。因此，这是一个非常危险的历史时期，也是一个没有创造性的时期。彼得一世（Петр Великий，1682—1725 年在位）克服了这个危机，因此他才被尊称为“大帝”。在神圣化和西方化两个危险之中，他认为神圣化是主要的敌人，并将其克服。相反，至于西方化，他认为是有益的，因此强化了西方化进程。

彼得大帝是俄罗斯历史上第一个伟大的技术型政治家，他的观念就实质而言是技术性的：国家需要变成能由一个人来统治的高效机构，并发展了一个清楚的模式来完成该任务。彼得大帝的第一个观念是，要扩大和强化国家政权，把国家变成绝对的专制制度。这样做不需要任何新东西，因为西方各国当时已经在采用这样的制度。彼得大帝的第二个观念是，教会应该绝对地、彻底地服从国家，必须把教会纳入国家机器中，形成统一的国家机器。彼得大帝当时就明白，这种有效的国家机制在西方大致已经存在，因此，他应该尽全力加强西方化。在彼得大帝看来，有一个现成的东西不需要从西方拿来，在拜占庭的宗教建制里已经存在，这就是拜占庭教会的礼仪对皇帝权力的神圣化。这个方法早就存在，彼得大帝只需将其保存下来、加强一下就可以了。

这就是彼得大帝改革的实质。他从西方引进了许多东西，比如管理体制、日常生活文化、技术文化，还有新教式的教会组织形式，即把教会看作世俗的机构。但是，与此同时，俄罗斯东正教里也保留了拜占庭帝国的神秘主义，与皇权和皇帝自身相关的拜占庭神圣化的礼仪。彼得大帝通过这个途径成功地实现了自己的技术规划。他确实通过技术手段终止了俄罗斯的僵化和礼仪化的存在，使之成为动态的和历史的机体，回归历史过程。但这只是外部成就，且是与内部结构缺陷结合在一起的。内部结构缺陷主要有两个：一个是俄罗斯意识里的精神传统、精神基础遭到压制和排挤；另一个是彼得大帝所接受的文化、所建立的普遍机制都具有非有机的形式，都是折中的。我把他的改革所建立的文化称为大杂烩文化，其中包含各种不同质的部分，相互之间没有一致性。在这种文化里，管理体制是德国的，世俗文化是法国的，而非德国的，技术是荷兰的，还有部分是英国的。西方各国的思想都被引入俄罗斯，并成为权威的东西，其中大部分是被随意引入的。这种非有机的文化无法自我再生产，这不是创造性的文化传统，因此也包含了自己的危险。

在学界，对彼得大帝改革的评价是非常肯定的。这个评价集中体现在赫尔岑的一句话里：俄罗斯用普希金的出现回报了彼得大帝的挑战。也就是说，彼得大帝的事业是成功的，改革取得了辉煌的成就，普希金的出现就是对这些成就的回应。但是，实际上，我们需要更深刻地理解彼得大帝的挑战。彼得大帝不但把动态进程返还给了俄罗斯，而且留下了实质性的危险。这里的挑战就在于，需要克服危险。俄罗斯的下一个时期就克服了危险。

现在我们简单地讨论一下俄罗斯历史的关键时期。这时，俄罗斯创造了自己伟大的古典文化。在克服了上述危险之后，俄罗斯在短时期内达到了西方主要国家文化的水平。在俄罗斯，伟大的历史文化工作——建立 19 世纪俄罗斯的古典文化业已完成。我们把这项工作称为俄罗斯综合（русский синтез）。

综上所述，可以得出一个结构性的观点，我们就用这个观点来考察俄罗斯综合的内容。我们首先要提出一个问题，俄罗斯综合的实质是什么?

彼得大帝改革的结果是，俄罗斯成为快速发展的和动态的国家机体，但是，其中有两个内在缺陷：第一个缺陷是精神传统的衰落，几近丧失；第二个缺陷是文化的折中和矛盾的特征，这个文化完全是从西方拿来的。克服这两大缺陷就成了俄罗斯社会的一般任务，其结果是成功地克服了这两个缺陷。

首先是静修主义路线在俄罗斯宗教和俄罗斯文化里的恢复。这个漫长的过程是通过两个途径实现的。一个是内部途径，即静修主义自发的复兴。由于俄罗斯社会自身的内在需求，精神传统、静修主义传统在俄罗斯自发地复兴。另一个是外部途径，因为这个传统保留在俄罗斯之外的东正教国家里，首先是在阿峰山（Афон），那是静修主义传统的重要发源地。几百年来，阿峰山是东正教和静修主义的中心。从早期拜占庭开始（具体而言，大约是在10世纪），阿峰山及阿峰山半岛就是重要的精神中心。那里有很多修道院，大规模的修道院就有二三十个。此外，还有大量的精神文化资源，静修主义实践在这里代代相传。尽管从地理上说阿峰山属于希腊，但它是整个东正教世界的精神中心。来自世界各个东正教国家的修行者云集于此，其中总是有来自俄罗斯的修行者和苦修者。18世纪下半叶，阿峰山上有一个俄罗斯修士，叫派西·韦利奇科夫斯基（Паисий Величковский，1722—1794）。他搜集了大量精神修炼方面的文献，其中有对静修主义修炼的描述。在他周围形成了一个修道小团体。一方面，他们复兴静修主义修炼实践；另一方面，他们把静修主义文献翻译成俄文。在帕伊西及其学生们的努力下，一本斯拉夫文的《爱善集》（Добротолюбие）问世，其中包括静修主义传统的大量文献，它们详细地描述了如何从事静修主义修炼。在这部著作的基础上，静修主义传统开始在俄罗斯快速复兴。帕伊西编辑的这本书实际上有好几卷，是内容广泛的文集，在俄罗斯获得出版并流传后，人们开始阅读它，然后，俄罗斯出现了庞大的静修主义中心，即位于俄罗斯中部地区的奥普塔修道院（Оптина пустынь）。19 世纪中期，甚至更早一些，大约在 19 世纪 20 年代，可以说，静修主义开始重返俄罗斯，并开始复兴。有人公正地认为，静修主义重返俄罗斯的过程的象征性标志是萨罗夫的谢拉菲姆（Серафим Саровский，1759—1833），他是俄罗斯著名的圣徒。这样，俄罗斯逐渐克服了静修主义传统的不足和衰落趋势。衰落被新的繁荣所取代。其次是在静修主义传统复兴之外，还独立地发生了另外一个过程，这就是对 18 世纪文化的加工，即对彼得大帝留下的西方化文化的加工。实际上这已经完全是另外一种类型的文化了，是一种创造的和有机的文化类型。这个文化过程也有自己的象征表达，那就是普希金。因此，在 19 世纪初，发生了两大创造过程：一个是在精神领域，即静修主义传统的复兴，以圣谢拉菲姆为代表；另一个是在文化创作领域，以普希金为代表。这是俄罗斯历史的两大成就。在以后俄罗斯的历史上，这两大成就都发挥了重大作用。但是，需要指出的是，它们之间完全无关，相互之间没有任何联系。正如历史学家早就指出的那样，圣谢拉菲姆和普希金生活在同一个时代，但是，他们相互之间并不知道彼此的存在。两种文化创造的传统没有关联，完全是相互独立的。在这一点上，即两大现象之间的无关性，也包含了一种历史的风险，包含了未来文化发展的矛盾的前提（下面我们还要返回这个话题）。

现在我们来描述俄罗斯古典文化。我们说过，可以把俄罗斯古典文化，以及俄罗斯古典文化的创造工作称为俄罗斯综合。现在我们清楚了，综合只发生在文化领域里。在精神传统和文化传统之间的综合却没有发生，它们依然是相互独立的。文化领域发生的综合是很著名的，也是很成功的。这个综合把以前俄罗斯文化里所有的因素都集中起来，它们来自欧洲的不同领域，包括欧洲的哲学、文化，以及宗教领域里的成就，但是几乎没有来自东方传统的东西。俄罗斯从所有欧洲文化的部分里引进一些东西，把这一切结合在一起，使其成为一个统一的和有机的民族文化。这个工作完成了。

要理解19世纪伟大的俄罗斯古典文化，就要理解这个俄罗斯综合是如何可能和如何发生的，以及俄罗斯意识里有什么特质和资源使之成为可能。把这些分散的、矛盾的文化因素变成有机的、具有创造性的民族文化体系，俄罗斯意识，或者如学界所说的，俄罗斯文化的主体就要有一定的特质和能力。其中最重要的有两个，一个是交往的天赋（дар общения），另一个是适应的天赋（дар пластичности）。现在我就来解释一下。

为了实现俄罗斯综合，创造自己的古典文化，俄罗斯意识有两大资源，即交往的天赋和适应的天赋。所谓交往的天赋，是一种特殊的交往能力，这种交往紧张而深刻，而且是内在的。俄罗斯人自己一般不认为俄罗斯人之间自发的交往有什么特殊之处，是外国人发现了他们之间交往的特殊性。对这种特殊交往天赋的描述主要是由外国人做的。去过俄罗斯的外国人融入俄罗斯社会，参与到俄罗斯人的交往之中，熟悉俄罗斯人的生活。他们后来指出，俄罗斯人之间的交往很特殊，不是信息的交换，而是心灵的交往。这种交往具有非理性的、存在的、深刻的特征。有个特殊的词语“俄罗斯谈话（русская беседа）”就准确地描述了这种特殊类型的交往。这是在俄罗斯发生的谈话，是一种特殊的友好的交流，这种交流会越来越走向深入。人们的心灵之间可以产生共鸣，一个人的内心世界与另外一个人的内心世界之间最终可以发生结合。陀思妥耶夫斯基表达了俄罗斯意识的这个特征。在其最后一部小说《卡拉马佐夫兄弟》里，我们所说的“俄罗斯谈话”几乎成为一个概念或观念。阿廖沙和伊万聚在一个小酒馆里，进行一场特殊的谈话，正如他们自己说的，这是俄罗斯男孩们之间的谈话。这次谈话非常特殊，触及了人类最深刻的问题。俄罗斯人有交往的天赋，对交往持一种特殊态度，他们把交往看作一种特别高级的价值，把交往当作一个特殊的过程，它使得两个人之间价值结合、生存内容结合、内在世界结合。用现代哲学语言表达，这种交往是超主体的、主体间的现象。

可以说，对待交往的这种态度，这种特殊的交往类型，确实是俄罗斯社会特有的，对西方社会和西方意识而言并不典型。因此，到过俄罗斯的西方人在自己的札记里记录了这些特征，将其看作自己的社会里没有的，只在俄罗斯才能遇到的东西。

现在让我们看看帮助俄罗斯人实现俄罗斯综合的另外一个能力、资源，即适应的天赋。它类似于陀思妥耶夫斯基在其著名的纪念普希金的讲演里所说的俄罗斯意识或俄罗斯人的“普世回应（всемирная отзывчивость）”的能力。就内容而言，在此我们是指这样一种能力，即进入各种文化内部，在其中体验，成功地掌握它，并将其纳入自己的内在过程之中，使之成为自己文化的资源。这种文化已经是有机的、创造性的文化。这就是适应各种不同文化的天赋对它们的适应能力。

借助这两大资源，俄罗斯社会、俄罗斯意识成功地实现了文化综合。18 世纪和 19 世纪的俄罗斯文化是另外一种类型的文化，这已经不是折中的，而是有机的类型。借助于交往的天赋和适应的天赋（对他人文化进行加工的天赋）所创造出的文化有一个特点，即在这种文化里占主导地位的必然是文学。以这种方式产生的俄罗斯古典文化里，文学是首要的话语。这是可以理解的。因为对待交往的特殊态度，这种特殊的交往类型，只有通过文学形式才能表达出来。因此，俄罗斯文学在俄罗斯综合里发挥了主要作用。当获得了这样的地位后，在整个 19 世纪，文学一直保持着这个地位。俄罗斯综合形成之初，即在俄罗斯自我意识形成的时候，正是以文学占据首要位置的方式，俄罗斯文化达到了非常高的发展水平。普希金之前，在 18—19 世纪之交，就出现了卡拉姆津、杰尔扎文、茹科夫斯基，他们是俄罗斯综合的第一批代表。借助于文学，文化的其他领域也逐渐获得发展，并被纳入俄罗斯综合里。起初产生了围绕文学语言问题的争论，这些争论发挥了重要的文化作用。因为在 18 世纪，由于强烈的西方化，从西方引入许多东西，俄罗斯语言发生了巨大变化，其中混杂着大量的外文词汇，这时人们使用的语言与原来的俄语已经大相径庭。因此，对俄罗斯知识分子而言，首要任务就是要理解俄语发生了哪些变化，如何创立真正的俄语，以及如何对待 18 世纪所发生的那种语言上的混合。

这种反思的自然结果导致了文化上的连锁反应，出现了意识上的连续性。语言问题的讨论就是要解决语言是按照什么规律在历史上形成和生存的。然后，从语言问题的讨论过渡到历史问题。在这里，历史的主题也被纳入俄罗斯综合里。在历史主题之后是哲学主题，这也是很自然的。文学、语言的争论产生了历史的反思，对俄罗斯历史的反思又有助于俄罗斯哲学的产生。由此，我们逐渐过渡到主要内容，即哲学过程，俄罗斯哲学的产生。

首先提一个问题。我们讨论的时代是19世纪初，俄罗斯文化已经存在了几百年，但是，我们在此只谈俄罗斯哲学的产生。当时，在西方所有发达文化里，哲学都已经存在了许多世纪；而在俄罗斯，哲学才刚刚开始出现。这里有很大的差别，需要理解它。许多俄罗斯思想史和哲学史著作都是从这样一个问题开始的，即俄罗斯哲学发展之路为什么开始得这么晚。正如20世纪著名俄罗斯思想家、史学家格奥尔基·弗洛罗夫斯基（Георгий Флоровский, 1893—1979）所问，俄罗斯思想为什么这么晚才觉醒。

俄罗斯哲学产生得很晚的原因这个问题，以前是一道学界难题。通常答案是，因为俄罗斯落后，历史过程迟到了，所以作为一个简单的缺陷，这里的哲学也出现得晚。但是这个说法过于简单。

我们用于理解俄罗斯意识的那些术语正好有助于

回答这个问题，并给出另外一个不那么简单的回答。如果我们看看东方基督教话语这个概念及其基本的组成部分——静修主义，我们就会立刻明白，为什么俄罗斯没有像西方那样自然、快速地产生哲学。东方基督教话语的主要原则是：一定的宗教经验的主导地位和作用。就自己的本质而言，这个经验不是哲学的，不是理智的，它有另外一种本质，这是一种个人交往的本质，而个人交往不仅仅是理智活动。在文化史里，我们知道一种古典类型的意识，它最直接地与哲学相关，并导致哲学的产生，这就是在古希腊发展出来的那种意识。古希腊意识的指向是，面对世界的惊讶，对周围世界、周围自然界的看法。古希腊意识对所看到的现象感到惊讶，自然就会对自己的惊讶进行反思，解释并揭示自己的惊讶，这是理智的指向，它直接导致哲学的产生。

东方基督教意识的指向是另外一种类型，它追求个人与神的个性联系和个性交往，这个方针显然有别于哲学的惊讶，而导致另外一个过程，即不是发展哲学，而是发展精神生活。这种精神发展的自然表现就是静修主义实践，而非哲学。无疑，要实现这个方针，意识也要进行某种理智活动，它应该有理论任务，以发展出某种类型的神学、理论话语。但是，这套话语与哲学话语不一致，因为它首先要包含活生生的交往经验的见证，并遵循这种经验的指引。这种见证是通过特殊形式的论题和论点来表达的，这些形式就是教义的形式，是哲学所不知道的。这种类型的意识导致特殊类型的理论话语，它有别于哲学。这就是所谓的教义神学，在古希腊世界是没有的，只有在基督教里才有，它与哲学构成竞争。

其实，无论是在俄罗斯，还是在拜占庭，都有对待哲学的特殊而复杂的态度。拜占庭意识对待哲学的态度也是很特殊的。在西方古典意识里总是有这样的问题：拜占庭的哲学在哪里？很难界定什么是拜占庭哲学。初看起来，那里只有神学。所以，在西方古典学术里，在近代和启蒙运动的开始，就形成了对拜占庭理智生活的经常性的轻蔑态度，认为那里没有西方人所理解的哲学，并以此为基础，断定拜占庭是一个静态的社会，没有发展出任何理智的生活。到了20世纪，人们才逐渐意识到拜占庭有独特的理智生活、思想创造，但这个创造是在另外的形式下发生的，这个形式与西方的是完全不同的。我们提出的概念有助于理解这种类型的意识。由于这种类型的意识把个性的宗教经验放在首要地位，那么，它就不能发展出哲学，只能发展出一套神学言说。这种意识在另外的形式下发展了理论生活,这个形式不同于首先在希腊，然后在欧洲出现的那种哲学形式。

在俄罗斯，在东方基督教话语的基础上，哲学没有产生。而拜占庭之路有所不同，它毕竟尝试过从神学过渡到哲学，但那是另外一种类型的哲学。也就是说，拜占庭企图在东方基督教话语的基础上，创造自己独特类型的哲学。到了拜占庭末期，这一方面甚至取得了一定的成绩。在俄罗斯，情况有所不同，东方基督教话语并没有产生哲学，相反，这里的哲学来自西方。在西方化之后，哲学立即从西方传入了俄罗斯。俄罗斯的哲学产生于俄罗斯综合之后。这个综合是在西方化文化的基础上出现的，相应地，作为其组成部分的哲学也是在西方已有的形式和方法上发展起来的。因此，俄罗斯哲学一开始就被纳入西方哲学传统框架之内。

如前所述，俄罗斯文化的历史顺序是这样的：起初，最积极的文化形式是文学，然后是历史思想，最后逐渐出现了哲学思想。关于俄罗斯文化的形式问题，具有实质意义的是俄罗斯当时没有出现大学文化，也没有形成学术和学者的共同体。那些早期的哲学过程是在典型的俄罗斯特有的形式下产生的。当时在俄罗斯有一些人数不多的私人共同体，它们被称为小组（кружки）。此外，就是朋友们之间的私人谈话，这些谈话起初发生在贵族沙龙里，也经常出现在其他阶层的沙龙里。但是，在俄罗斯没有西方社会的现成的文化形式，比如大学和科学院，它们很晚才在俄罗斯出现。因此，俄罗斯早期的哲学过程主要是在私人谈话和朋友们的小组里出现的。在俄罗斯社会里，在学术生活和文化生活没有形成发达的建制。但是，借助于俄罗斯综合，强大的思想和文化的潜力得以发挥，并在其他形式下获得表现，比如在私人家庭聚会里或私人小组里。在这里也有理智的显著发展，但这还不是哲学过程，可以称之为前哲学，即哲学的开端。

通过这些小组的形式，或者在私人家庭里的小团体、私人谈话的形式，俄罗斯得以开创自己观念发展的重要时代。起初是文学小组，它们逐渐成为理智的、哲学的和政治的小组。在私人争论中产生了重要的思想。在19世纪20年代，特别是在30年代，出现了一些小组，它们的主题是纯哲学的。起初，它们受到谢林哲学以及德国浪漫主义哲学的影响。在这些小组里，一些独特性的主题逐渐成为思考的对象，比如俄罗斯历史的机制问题。用今天的话说，这已经是历史哲学范畴的思考了。大致来说，第一代、第二代小组都有文学指向、浪漫主义倾向，在它们之后，在第三代小组的文化里，已经出现了哲学性质的小组，它们已经开始制定独特的哲学思想了。这就是西方派和斯拉夫派的小组，它们之间发生了激烈的争论，这些争论是俄罗斯哲学史里的重要片段。

有这样一个小组，其成员发展出了俄罗斯中心论的方向，认为俄罗斯不应该被看作落后的民族。俄罗斯实际上出现了自己真正的历史道路，形成了自己特殊的社会形式，与西欧不同的社会形式，以后也应该继续如此。与西方社会形式相比，俄罗斯形式有自己的优势。就在这个时候，出现了另一个小组，这是欧洲中心论、西方中心论的小组。其成员也一致认为，俄罗斯的发展和社会形式与西方的发展和西方社会形式之间有根本的差别,但对这些差别的评价有所不同。他们认为这些差别不是优点，而是不足、缺陷，表明俄罗斯落后于西方。这两个小组分别是斯拉夫派和西方派。西方派所说的俄罗斯的不足和缺陷，在斯拉夫派看来，恰好是俄罗斯的优点。

于是，在19世纪三四十年代，在俄罗斯开始形成两个具有独立意义的思想立场，出现了第一批具有独创性的思想纲领。尽管它们还不具有哲学的形式，但已经是两个不同的思想立场了。

在这个时期，出现了与这两个小组并列但不依赖于它们的恰达耶夫的哲学。人们经常说，他的哲学对俄罗斯哲学的产生也发挥了重要作用。恰达耶夫写了一系列文章，表达其在历史哲学方面具有的独创性观点。他完全独立于西方派和斯拉夫派小组，但是，他的立场接近西方派，而且是接近西方派里的一个极端形式。恰达耶夫断定，俄罗斯历史至今都没有实现任何文化和历史的价值，完全是无意义的、无结果的。相反，他把西方历史与俄罗斯历史的无益处对立，认为在西方实现了基督教的理念和价值。在其第一封信中，他甚至断定，在一定程度上，西方已经实现了上帝的国。很好理解，这种对俄罗斯的精神和文化价值的激烈否定对社会产生了积极的作用，激发了俄罗斯的思想过程。

在俄罗斯哲学的形成过程中，还有一个很少被理解，甚至根本就不被提及的因素，这就是尼古拉一世时代形成的官方意识形态。沙皇尼古拉一世的官方政府建立了自己的理论立场和意识形态纲领，其中最著名的论点是由教育部长乌瓦洛夫表述的，即这样一个著名口号：东正教、专制制度、人民性。这是一个明确的思想纲领,它对俄罗斯哲学也产生了自己的影响。相对于这个官方意识形态，俄罗斯社会的文化圈子处于反对派立场上，并且表达了自己对官方意识形态的轻蔑。但实际上，这个文化圈子在当时并没有明确成型的思想纲领。因此，尽管文化圈子公开表达了自己对待官方意识形态的消极态度，但这个官方纲领中所包括的观念、思想以及术语自身，事实上也受到了广泛的关注。因此，这也是对俄罗斯哲学的形成产生了重要影响的因素之一。

我们看到，到了 19 世纪 40 年代初，俄罗斯已经形成了内容丰富的思想场景——西方派小组，斯拉夫派小组，恰达耶夫历史哲学，官方意识形态。这一切已经足够形成第一批思想学说，即西方派学说和斯拉夫派学说。这是最初的一些思想学说，在它们的基础上，后来产生了哲学传统。

在自我存在的初始阶段，斯拉夫派学说和西方派学说都有了自己的文本，借此表达自己的立场。然后是决定性的阶段，即公开的论战。这些论战发生在莫斯科，一共持续了两三年的时间，大约发生在1842—1845年。这些非常积极而活跃的讨论和争论是俄罗斯文化史上前所未有的，它们吸引了整个社会的注意。在这些论辩过程中，形成了对俄罗斯历史的新观点，尽管这些观点还不是哲学的。在这两年多的积极争论中，两个小组之间的分歧越来越大，矛盾越来越深。最后，双方彻底断绝了关系，甚至断绝了私人关系。这些争论的结果是，两大学说都具有自己完善的形式，这就是斯拉夫派学说和西方派学说。就内容而言，它们包含两大主题，第一是俄罗斯的问题，第二是个性的问题，它们之间是相互联系的。也就是说，就俄罗斯与个性的问题，这些学说形成了自己独特的观念。

俄罗斯哲学的主要观念

斯拉夫派和西方派及其争论标志着俄罗斯哲学的产生。但是，首先需要指出的是，不能在狭义上理解这两个派别，不能仅仅把它们理解为在19世纪40年代产生的两个不同的思想流派，而应该在广义上把它们理解为俄罗斯思想过程里的一般趋势，这些趋势甚至在这两个派别产生之前就存在，在它们产生之后依然存在，一直到今天。广义上说，斯拉夫派和西方派是俄罗斯文化和思想里的两个永恒的趋势和流派，也是俄罗斯社会里经常存在的两大立场。一个倾向于西方,认为俄罗斯在自己的发展过程中总是落后于西方，主张俄罗斯应该按照西方的模式发展。就本质而言，在俄罗斯发生的过程也在西方发生，只不过与西方国家相比，这些过程在俄罗斯总是迟到地发生。这是西方派的立场。在一定形式下，在19世纪40年代西方派出现之前，这个立场就已经存在，今天依然存在。斯拉夫派的主张与西方派的相反，且斯拉夫派的立场在该派产生之前也已经存在，并一直存在到今天。比如说，在20世纪90年代的后苏联时代，西方派和斯拉夫派的争论再次发生。这时，俄罗斯再次兴起了斯拉夫派的观点，即认为俄罗斯不应该重复西方的发展模式，而应该有自己的道路，需要找到自己发展道路的规律。同时，西方派在这个时期也凸显出来。双方的争论现在仍在继续。

在俄罗斯的文化里，不但存在着这两个趋势或立场，而且包括它们涉及的问题。这些问题一直是俄罗斯文化发展所有阶段的主题，它们是由俄罗斯社会生活自身决定的。第一个主题是俄罗斯的问题，国家的命运，俄罗斯及其发展的特点问题；第二个主题是人的问题，个性的问题，这里涉及人与社会原则的关系，个人与国家、个人与历史、个人与社会的关系，还有对个性自身的理解。这两大主题是19世纪40年代西方派和斯拉夫派之间争论的对象，也是俄罗斯思想所有时代争论的对象。

围绕这两个主题，即俄罗斯的问题、个性的问题，西方派和斯拉夫派提出了完全相反的立场，它们在激烈的争论中发生了对立。隔了一段历史时期之后，在今天，我们发现这些激烈的争论有一个共同的基础、共同的土壤；但在其他问题上，争论双方仍发生了严重的分歧。换言之，西方派和斯拉夫派的争论是在共同的基础和平台上展开的。这个共同的基础是什么？其中包含哪些实质性的因素？如果深入地考察这场争论，就会发现，在很大程度上，争论双方对俄罗斯和西方的理解是一样的，区别在于评价上。西方派和斯拉夫派都接受同样的关于俄罗斯的形象和关于欧洲的形象。准确地说，在争论中，双方共同制造了两个简化的形象，用今天的哲学语言说，这是两个意识形态观念，即关于俄罗斯的观念和关于欧洲的观念。至于这些思想观念包含了什么，双方在这个问题上的意见是一致的。分歧在于双方对这些观念给出不同的伦理评价和不同的历史评价。

简单地说，双方描绘的俄罗斯形象是：俄罗斯是一个古老的世界，保守地坚持自己古老的传统。这是一个活生生的世界，但它与历史进程格格不入。它是非历史性的、静态的，它不是处在运动之中，而是处在静止之中的。俄罗斯面向过去的价值，不惜一切代价保护这些价值，不让它们发生变化。最重要的是下面一点，即俄罗斯拥有集体主义类型的意识，让个性服从社会。我们强调一下，俄罗斯的这个形象在西方派和斯拉夫派那里是一样的。至于西方（欧洲）的形象，则是按照完全对立的原则来描绘的。西方是动态的、发展的、不断完善的世界，它不是面向过去，而是面向未来。在对待个人和个体的态度上，西方没有把社会和集体放在首要地位，而是把个体放在首要地位。西方信奉个人主义，而不是集体主义。这是西方的形象。我们再强调一下，在对西方的这个形象的描绘上，西方派和斯拉夫派是一致的。

既然俄罗斯的形象和西方的形象是对立的，就必须要在它们之间做出选择。如何选择呢？这里就产生了不同的立场。斯拉夫派坚信，俄罗斯的形象实现了所有肯定的价值,西方形象则实现了所有否定的价值。西方派的评价则完全相反，他们认为俄罗斯形象中的那些特质都是否定的，因此需要选择西方形象所体现的那些肯定的特质。

今天我们知道，这两个形象都不符合学术观念和学术规范，它们都是简化的意识形态模式。俄罗斯和西方这两大文化机体、两种类型的发展模式的直接对立在学术上当然无法获得证明。俄罗斯与西方的这种直接对立在现实的历史过程中也是不存在的。但是，俄罗斯公众的意识当时接受了这些模式，并受它们的影响。

围绕俄罗斯和个性这两个主题，斯拉夫派和西方派都提出了自己的观点。但是，双方也都接受了上面描绘的俄罗斯形象和西方形象。斯拉夫派对俄罗斯的形象给出了肯定的评价，相应地，他们把俄罗斯社会描绘成理想化的形象，这个形象在自己的历史发展过程中实现了肯定的价值和理想。根据斯拉夫派的学说，俄罗斯社会建制实现了和谐、一致的原则。斯拉夫派为什么认为俄罗斯社会是和谐的呢？他们断定，这个和谐是靠一个特殊的社会形式实现的。这个形式只在俄罗斯有，在其他国家都没有。这就是斯拉夫派的著名观念——村社（община），或农业、农村的共同体。他们断定，在俄罗斯，在农村，而不是在城市，形成了一个绝无仅有的形式，即所谓的村社。在西方，没有村社的形式，甚至西方学界都没有发现和找到这个形式，因此，对它一无所知。

发展村社观念的是斯拉夫派主要思想家霍米雅科夫（А.С. Хомяков）和阿克萨科夫（К.С. Аксаков）。他们都断定，村社具有肯定的价值特征，它建立在"自然的、道德的平等和内在真理的基础之上，因此这里有一些公共的美德，而世界历史上没有出现过任何类似的东西"（霍米雅科夫语）。然后，他们把理想的道德特质附加给了村社。"高尚的谦卑，与坚定精神结合在一起的温和，无尽的忍耐，自我牺牲的能力，公共法庭上的真理，对法庭深深的敬重，牢固的家庭关系……"由此可见，这里描绘的是一个理想的形象，无论如何，任何现实的团体都不能拥有这样一组特质。因此，在我们面前描绘出来的还是意识形态模式、意识形态观念。这样的观念经受不住学术的批判。

从对村社的理想化观念可以看出，斯拉夫派是一个普遍的趋势，是在任何国家文化生活和思想生活中，在任何历史过程中都必然会出现的趋势。这是一种保守的立场，是对农村生活方式的歪曲，它歌颂对传统的遵循，把农村生活秩序理想化，把城市生活描绘成一种堕落。对村社的理想化的另外一个特点是伦理的首要意义，这也是任何文化里的传统主义和保守主义流派都有的特点。在这种过分夸大的伦理主义看来，村社建制拥有理想的道德规范。因此，这样的共同体在实质上就不需要法律，不需要法制。斯拉夫派断定，村社的所有成员都拥有高尚且稳定的伦理，而且是绝对的和理想的伦理。在这样的村社里，不但不需要法制领域，对其他领域的需求也都被排除了，因为所有这些领域都包含在伦理领域内。由于村社成员都拥有理想的道德规范，只要有简单的协议就可以了，口头协议可以取代法律领域，法律和法制领域就成了没用的东西。这里出现了一个对立，即伦理与法制的对立，它被清楚地表达在康斯坦丁·阿克萨科夫的思想里，他在斯拉夫派里总是拥有保卫极端的立场。下面我们引用他的一段有趣的和有代表性的话：法律的"保障是不需要的！保障是恶。哪里需要保障，哪里就没有善……全部力量就在于道德信念……俄罗斯总是相信善，从来不求助于契约"。这种对村社的崇拜的前提是集体主义，社会相对于个体的首要地位。由此就产生了对另外一个问题的确定立场，即个性的问题。

这是对俄罗斯建制的理想化，它还有一个重要的补充。原来，这个理想化的建制是古代罗斯所固有的。彼得大帝给这个理想建制带来的是实质性的损害。从他开始，俄罗斯就成为病态的。斯拉夫派把彼得大帝之后的俄罗斯的状况称为内在的疾病，深深的伤痕。他们认为，任何健康的有机体都不应该接受别人的任何东西，除了外部的、琐碎的东西，不应该借用任何东西。因为所有借用来的东西都是不好的，总是导致疾病。我们看到，斯拉夫派在这里提出了一个在今天看来也非常现实的问题，即现在经常讨论的多元文化的概念，讨论的文化之间的相互作用的问题。现代观念断定，诸文化之间应该积极接触，积极地相互作用，它们的相互作用对于创造是富有成效的。斯拉夫派坚持完全相反的看法，认为不同文化的相互作用和影响不可能是富有成效的，只能带来损害。文化之间相互作用的这两种模式，哪个是正确的，哪个是错误的，在今天已经不用再争论了。文化发展的历史令人非常信服地证明，文化之间的相互作用和相互影响的确可以是在创造上富有成效的。而且，在斯拉夫派时代，俄罗斯综合几乎被彻底实现，19 世纪中期的俄罗斯古典文化已经存在，并获得发展，这个文化就具有文化之间的综合和相互影响的特征。俄罗斯恰好对西方化文化进行了综合，也就是俄罗斯从西方拿来的那个文化。但是，斯拉夫派完全根据自己的观念，被迫否定了他们那个时代已经存在的文化的明显意义和创造性的价值。

斯拉夫派把西方描绘成纯粹否定的典范，在一切方面都与在俄罗斯实现的那个肯定理想对立。他们认为，在西方没有任何活生生的有机发展，那里发生的是纯粹机械的过程，这个过程的基础是服从、占领、冲突。那里没有任何平等，没有任何内在的公正，没有人们之间的内在联系，只有官僚体制、分裂。西方社会按照机械建制的规律生活,而非有机社会的规律。需要指出的是，斯拉夫派对西方社会和西方历史根本没有进行过专门的研究。他们对西方的看法纯粹是观念上的、理想化的，是为了自己在论述中获得所需要的对称性。俄罗斯的理想形象需要一个否定的一极与之对立,他们对西方的描绘就是这样一个大致的模式。

观念上的立场自然会产生行动的方案，产生针对当时俄罗斯现实的政策和方针。对现实的社会活动而言，这些具体的方案、政策和方针是主要的。斯拉夫派立场的后果是，必须返回古代罗斯社会，这是显而易见的。他们认为，应该放弃彼得大帝及其追随者们（从西方）拿来的一切，返回古代罗斯社会。如霍米雅科夫所说，应该返回古代的原则。当时，在俄罗斯确实出现过这样一个纯粹保守的行动方案。

完全返回某种理想的、古老的原则，这种方针和战略显然是很不现实的，也不是现实主义的政治战略和文化战略，而只是文化上的一种诉求。因此，在社会现实中，这样的战略和方针不会获得成功。这里需要指出一个非常一般的情况。斯拉夫派进行过深刻的哲学研究和深刻的观念分析。但是，当问题涉及现实的结论，为现代社会提供文化和政治上的战略时，从他们的立场出发就无法获得对社会而言有吸引力的任何战略。尽管他们的观念在理论层面上超越了西方派的建构，但是，在更广泛的层面上，在社会公众的意识上，西方派反而获得了胜利。西方派的立场，无论是俄罗斯的主题，还是个人的主题，都是在相反的原则基础上确立的。如果说斯拉夫派断定，西方是机械的、静止的社会，不懂得人们之间真正的有机联系，那么西方派的断定则完全相反，认为俄罗斯是不动的、僵化的社会，因为它压制个性，西方则为个性发展提供了条件。所以，只有西方社会才是活生生的，俄罗斯社会是僵化的。于是就有了对待法律领域的完全对立的态度。个性的自由和独立性确实要由法律规范来保护。因此，西方派认为，西方严格的法律形式保证了个性的自由，俄罗斯发展的全部缺陷就在于缺乏这样的法律形式。西方派的政策正源于此，他们断定，首先必须克服俄罗斯压制个性的集体主义，为个性的自由发展提供保障。显然，这是一个永恒而现实的主题，是一个争论，即应该把个性权利，或者所谓的人权放在首要位置，还是应该把某种集体主义的价值放在首要位置。在今天的俄罗斯，这样的争论仍在继续。西方派非常积极地呼吁，必须发展个性，必须为个性的发展创造条件。但是，与斯拉夫派相比，西方派没有深入的哲学和历史的、个人的反思，他们宣布和声明了发展个性的必要性，但没有发展出个性的哲学观念。西方派在哲学创造方面没有什么成就，所以，西方派首先研究社会问题。在这个领域，他们取得了一定成绩。他们的立场在社会上总是占主导地位，总是能带来巨大影响，并获得成功。

我们可以得出一个结论。西方派提出的观念是自由的、理性的和有意识的个性，但是，他们没有创造出个性的理论。斯拉夫派成功地在哲学方向上运动，但他们的问题更难。因为与西方派相比，他们更多地考虑到俄罗斯精神性的特点，考虑到所谓的东方基督教话语。我们说过，对这个话语的哲学表达是非常困难的。因此，斯拉夫派也没有能够建立起自己的系统哲学，尽管他们的哲学素养是很高的。

这样，无论是在西方派那里，还是在斯拉夫派那里，都没有出现任何系统的哲学学说。作为独立的哲学传统，俄罗斯哲学在这个阶段并没有出现，但是，俄罗斯哲学在未来要探讨的几乎所有主要问题都被提出来了。哲学反思已经觉醒，并处在积极发展的阶段。因此，我们可以在一般意义上把这个阶段概括为俄罗斯哲学的土壤准备阶段。拥有自己的基础，拥有自己独创性的概念体系的系统化哲学只是在下一阶段才产生。这就是索洛维约夫的哲学。

索洛维约夫的哲学是俄罗斯哲学里最伟大和最显著的篇章，其精神创造道路是复杂的、冲突的。他创立的不是一个哲学体系，而是几个哲学体系，其中包含不同的理论和观念，而且，在他一生的不同阶段，他所创立的哲学体系是非常不同的。这里需要指出索洛维约夫创作的一个特点。在他的创造中，晚期著作更深刻、更重要，但对俄罗斯的哲学过程而言，他在早期所创立的哲学体系更为重要。原因在于索洛维约夫的早期哲学具有业已完成的学说的形式，这是在俄罗斯创立的第一个哲学体系，而且具有独创性。与欧洲当时存在的任何一个哲学体系相比，都不能说索洛维约夫的哲学只是学习的结果。与索洛维约夫的晚期哲学著作相比，正是其早期哲学体系对后来的俄罗斯哲学家，乃至整个俄罗斯哲学的发展进程产生了更大的影响。在我的俄罗斯哲学史研究著作中，我不止一次遗憾地指出，尽管索洛维约夫的晚期哲学著作更加深刻和体系化，但是，俄罗斯哲学家们看重和追随的不是这些著作，而是其早期更为肤浅的著作。

索洛维约夫的哲学体系是在 19 世纪 70 年代中期创立的，主要表达在三个篇幅不大的著作里，即《完整知识的基础》《神人类讲座》和《抽象原则批判》。《神人类讲座》出版后立即成为一部名著，因为这是他在彼得堡所做的系列公开讲演的讲演稿，当时彼得堡的几乎所有文化精英都听了他的讲演。因此，这个系列讲演的影响马上就产生了，而且是非常强烈的。哲学事件、哲学讲座成为如此广受关注的现象，并产生重大文化影响，这在俄罗斯历史上还是第一次。按照马克思的说法，可以说，俄罗斯哲学第一次成为社会的力量。

索洛维约夫所拥有的正是系统化哲学思考和创立概念体系的巨大天赋。在这个方面，他的天赋要比研究个别问题和概念方面的天赋大得多。这个优点甚至变成了缺点，使他的哲学建构成为图式化、模式化的东西。索洛维约夫的哲学天赋是巨大的，这个天赋在其一生中得以逐渐发展。在晚期著作里，他已经克服了自己肤浅的模式化，发展出非常深刻的观念，这些观念不但对俄罗斯哲学，而且对整个世界哲学过程都产生了显著的影响。但是，在早期创作阶段，在早期体系里，索洛维约夫就已经提出了进入俄罗斯哲学史的一个主要概念和原则，不但他自己的著作与这个概念和原则相关，而且下一代俄罗斯哲学家们的许多实质性的成就都与之相关，即一切统一（всеединство）。这个概念和原则不是他发明的，也不是他第一次使用的，在古希腊里就有了。但是，在思想史上，索洛维约夫第一个把它当作完整哲学体系的基础。从古希腊的哲学家们开始，从前苏格拉底时代的哲学家们开始，这个概念就被用来描绘绝对的和完善的存在。如果用一个主要的标志来描绘完善的存在，那么这个标志就是统一。而且，这个统一有两个理解：一个是内在方面的理解，即统一意味着在一切里的统一，在一切方面的统一，存在的所有元素在其主要性质方面的统一；另外一个是外在方面的理解，即统一意味着整个存在的统一，整个世界大厦的统一，整个实在的统一。这两个方面放在一起就是一切统一。

索洛维约夫同时提出另外一个原则，它在俄罗斯哲学里也得以长期流行。这个原则不但在索洛维约夫的早期哲学体系里获得发展，而且直到他生命的最后阶段一直都在发展。后来的俄罗斯哲学家们也都在发展这个原则，直到延伸到今天的某些思想家中。这个同样著名的原则就是索菲亚（софия）——神的圣智慧（премудрость）。就自己的本质而言，这是与一切统一完全不同的原则，它不是哲学的原则，而是神秘的、神学的原则。当然，索洛维约夫也不是索菲亚的第一个发明者，这是他从世界思想传统中拿来的，但不是从哲学里，而是直接从《圣经》里拿来的。索菲亚，神的圣智慧，这是《旧约》的一些经卷里的象征、神话形象。就自己的非哲学根源而言，索菲亚不是概念，而是形象、人物。在《旧约》里，索菲亚在世界大厦里有一定的行为，扮演着一定的角色。《旧约》主要文本称其为“神身边的女艺术家”，是对世界大厦进行艺术塑造的某种原则。这不但是个原则，而且是获得实现的原则，化身为具体人物的原则。

索菲亚一开始就存在于索洛维约夫的意识里。与其说它是个观念或原则，不如说是个人物。因此，索菲亚成为索洛维约夫特殊体验的对象，但这不是哲学的体验，而是神秘的和个人的体验。索洛维约夫认为，他与索菲亚有私人的相遇，发生私人的对话，并在自己的作品里记录了这些对话。索洛维约夫创作中最著名的一部作品就叫《三次约会》，这是一首长诗。众所周知，他是个非常有才华的诗人。根据名称可以断定，这里说的是私人之间的相遇。确实，这个文本对索洛维约夫的创作而言非常重要，其中描述了他个人与索菲亚的三次相遇。尽管文本中说的根本不是哲学体验，但他的主要天赋还是哲学，他甚至从自己与索菲亚的相遇中做出了哲学结论，发展出了一套索菲亚哲学。

索洛维约夫的哲学体系是两大原则的结合，即索菲亚原则和一切统一原则。这两大原则对整个俄罗斯哲学后来的发展都产生了很大影响。甚至可以说，索菲亚和一切统一这两个原则的结合就是他对欧洲哲学传统的原创性贡献。其实，利用一切统一观念的哲学体系以前也有过，比如库萨的尼古拉（Николай Кузанский），作为非常著名的哲学现象，他在哲学史上有巨大的影响力，特别是对俄罗斯哲学家们影响很大。同样，利用索菲亚这个神话形象的哲学体系在思想史上也有过，比如有一批神秘主义者，他们也有过类似于索洛维约夫的神秘体验，也有过类似的幻想，以及与索菲亚的相遇。也就是说，一切统一和索菲亚观念对思想史而言并不陌生。但是，把索菲亚和一切统一结合在一起，并在这个结合的基础上发展出完整的哲学体系，这是索洛维约夫具有原创性的贡献。这两大原则的结合对后来的俄罗斯哲学而言是非常富有成效的。下一代的俄罗斯哲学家们——索洛维约夫的学生们和他的追随者们都抓住了这个主题。在俄罗斯思想史上，在这两大概念的基础上产生了一批积极发展的哲学流派，这已经是白银时代的哲学了。

俄罗斯哲学的主要内容都是白银时代的贡献。一般情况下，在俄罗斯哲学史名义下所研究的东西，其中有四分之三，甚至更多的内容，都是这个时期的哲学思想，即白银时代的哲学。白银时代的哲学的主要成就是所有研究俄罗斯哲学的人在一定程度上都必须掌握的关于俄罗斯哲学的观念的最低限量。所以，在我们的一般性概述中，可以不用详细地描述白银时代所包含的哲学学说。我们的主要任务是追踪白银时代哲学发展的一般逻辑，也就是要理解，俄罗斯哲学的下一步是怎么发展的？俄罗斯的哲学过程后来发生了什么事？在白银时代之后，俄罗斯哲学是如何发展的？今天，研究俄罗斯哲学的人们对这个问题的关注是不够的。所有人都沉浸在对白银时代伟大的哲学体系和哲学家们的研究之中，但是，他们很难回答这样的问题：在这之后发生了什么事情？在白银时代之后，俄罗斯哲学是否结束了？众所周知，白银时代在十月革命后就结束了，因为白银时代的哲学为宗教哲学，而布尔什维克坚持战斗的无神论，其政权当然不能允许宗教哲学朝这个方向继续发展。但是，在俄罗斯之外，宗教哲学的方向继续存在，流亡到国外的俄罗斯哲学家们继续着宗教哲学的创造，不过也为时不久。现在可以说，这个方向在国外也结束了，在几十年前就结束了。因此，早就该回答这样一个问题：俄罗斯哲学在这之后发生了什么？哲学过程在这之后是如何发展的？针对这个问题，目前，在俄罗斯哲学史这门课程里，在俄罗斯哲学史专家共同体里，没有给出一个统一的答案。我们在这里准备尝试回答这个问题。

尽管我们关注白银时代之后的俄罗斯哲学发展，但是，对白银时代这个重要时期的哲学还是要给出简单的概述。我们首先要强调的是这个时期的独特性。白银时代在索洛维约夫生命的最后那几年就开始了，即 19 世纪末，这是俄罗斯文化在所有领域里的高涨和繁荣时期，包括思想领域、艺术创作领域。如果说在 10 世纪中期（应该是 19 世纪中期——译者注），只有俄罗斯文学获得了高度的发展，达到了世界经典的水平，那么在新时期，达到这个水平的就是整个俄罗斯文化，包括俄罗斯文化的所有领域。众所周知，这个时期获得了一个很好的名称，即白银时代。今天，人们把这个时代看作一种文化形态，它被纳入欧洲文化现代化的框架下。但是，就其成就的规模而言，这是个独特的文化世界。现在，整个世界都在积极地研究白银时代的俄罗斯文化。白银时代的每个主要代表都是独特的学术主题，形成与之相关的学术共同体，有大量的专门文献，定期的学术事件。白银时代的著名代表有几十位，他们都是当今世界文化界的研究对象。

在白银时代文化的组成部分中，最重要的一个领域就是哲学，具体而言是宗教哲学。我一直在强调俄罗斯文学在俄罗斯文化中的主导作用。在白银时代，这个主导作用发生了转移，逐渐从文学过渡到了哲学，哲学开始在俄罗斯文化里占据主导立场。索洛维约夫于 1900 年去世。20 世纪初，哲学过程在俄罗斯达到前所未有的强化程度，各类哲学共同体都非常活跃地发展着。在俄罗斯，大量的哲学杂志涌现，各种哲学事件经常发生，著名的哲学著作大量出版，甚至出现了经常性的哲学事件，其中比较典型的就是彼得堡的宗教哲学聚会，这是定期举行的宗教哲学讨论会，社会各阶层代表都参与其中。这个不寻常的事件标志着在社会意识中哲学意识觉醒的程度。

对思想史而言，重要的不是数量，而是质量。在这个时期，俄罗斯出现了一系列享誉世界的大哲学家，他们创立了自己的哲学体系，如别尔嘉耶夫、布尔加科夫、弗洛连斯基、洛斯基、弗兰克、舍斯托夫等。他们的著作构成我们所谓的俄罗斯哲学史的主要内容。他们的哲学观点非常接近，都是在发展宗教哲学。总体上说，他们都坚持基督教的立场，处在索洛维约夫思想的影响之下。具体而言，他们把这个影响，即索洛维约夫的影响与西方某些哲学流派的影响结合起来（后者也是个相当重要的因素）。这里有基督教的影响，索洛维约夫的影响，还有现代西方哲学的某些具体流派的影响，白银时代主要思想家的哲学体系就是由这些因素构成的。由于这些思想家的思想非常接近，都坚持宗教哲学立场，因此在行动上，他们构成了白银时代文化内部的一个更广泛的哲学运动，这个运动现在被称为宗教哲学复兴。这个时期的俄罗斯思想的结构是这样的：有广泛的白银时代的文化，其内部凸显出宗教哲学复兴，而在这个宗教哲学复兴的内部，又可以区分出一个核心，是由几个哲学体系和学说构成的，它们都与索洛维约夫的哲学有关，和索洛维约夫的哲学一样，都以一切统一为基础。今天有个特殊的名称可以称呼这个核心，即一切统一形而上学（метафизика всеединства）。因此，白银时代哲学思想的核心就是一切统一形而上学。索洛维约夫的哲学由此也被归入这个流派。

我们的目的不是描绘一切统一形而上学内部的每个学说，而是理解这个流派所要完成的任务，然后揭示其发展的逻辑，勾勒出在一切统一的基础上发展出来的哲学过程，展示其可能性和前景，进而理解其命运。理解这个哲学发展和命运的最简单的方法是对比，即比较一下它与整个俄罗斯哲学的关系。首先我们揭示一切统一哲学所要完成的任务是什么，然后再看看它使用了哪些手段来完成这些任务。我们发现，一切统一哲学所要完成的任务是很一般的，和以前俄罗斯哲学思想所面临的任务是一样的，这也是俄罗斯哲学在产生之初所要完成的任务：用哲学形式表达俄罗斯意识的经验，表达其主要的内容。那么，这个主要内容是什么呢？我们说过，这个内容就包含在东方基督教话语里，首先是在精神经验（духовный опыт）里，这是东方基督教话语自身所具有的那种经验。具体而言，需要通过哲学手段表达的俄罗斯意识的主要内容是东正教的精神经验，是东正教修行实践的经验，即追求神并与神结合的经验。这就是一切统一形而上学的任务。如前所述，静修主义传统和静修主义实践以最纯粹的形式表达了东方基督教话语的基本经验。在这里，我们可以简单地说，俄罗斯哲学的创造任务最终可以被归结成为这个类型的经验找到哲学表达方式。

那么，白银时代的哲学用什么手段来完成自己的任务呢？它拥有什么样的哲学语言、方法和话语呢？显然，这一切都是白银时代哲学从西方哲学传统里拿来的。一般来说，索洛维约夫在欧洲形而上学的框架下发展自己的哲学体系，他的追随者们都是按照欧洲古典形而上学的模式建立自己的学说。然而，欧洲哲学传统在很大程度上代表了另外一个精神世界、另外一个精神类型，因此，这里就出现了任务和手段之间明显不一致和冲突的可能性及危险。确实，这些分歧最终被感觉到了。但是，在一定时期内，一切统一形而上学发展非常成功。为什么会成功呢？成功的基础何在呢？我们知道，欧洲哲学传统与东方基督教的经验毕竟有很多共同的东西，如共同的基础和资源，因为至少在它们的早期阶段，欧洲哲学传统也是在基督教世界观的框架下发展的。东方基督教传统和欧洲哲学传统共同的精神资源和思想资源是不少的，比如，一切统一的观念就包含在这个资源里，它与西方和东方的基督教世界观接近。因此，至少在一定时期内，可以用西方哲学里所包含的这个共同基础来对东方基督教精神性进行哲学表达。这就是白银时代思想的哲学战略：用西方和东方的基督教精神性所拥有的共同观念资源，对东方基督教精神性进行哲学表达。白银时代哲学的一切统一形而上学取得了巨大成绩，其基础正是如此。从这个共同资源里产生的白银时代哲学取得了非常显著的成就，但分歧和差别也是存在的，它们早晚会表现出来。

实际上，这些差别很大、很深刻。因此，从一开始，俄罗斯宗教哲学发展的可能性就是有限的。在东方基督教话语里，有一部分内容是一切统一形而上学所无法表达的。那么，东方基督教话语里的什么东西没有在俄罗斯宗教哲学里获得表达？俄罗斯宗教哲学的成功总是受到人们重视，俄罗斯哲学史就在罗列这些成功。但是，要理解俄罗斯哲学的未来，理解其下一步的发展，更重要的是指出这些差别，指出是什么东西没有被一切统一形而上学包括进来。

我们发现，一切统一形而上学漏掉的东西就是东方基督教话语里的静修主义。我们在上一章里说过，静修主义把人与神之间的个性交往当作东方基督教和东方基督教话语里重要的东西，认为人与神的结合只能靠能。但是，和古希腊形而上学一样，西方古典形而上学在描述人与世界和神的关系时，认为世界和神之间可以在本质上达到结合。当然，这是与东正教精神实践所理解的结合不同的另外一种类型的结合。在拜占庭，东正教教会甚至通过专门的教义，直接否定了人和世界与神和神的存在在本质上结合的可能性。

俄罗斯宗教哲学利用了西方形而上学的哲学语

言，因此，在这个重要的本体论问题上，即经验存在与神的存在之间联系的特点问题上，它站在了西方的立场上，而不是站在拜占庭的立场上。这是最原则的差别。由这个差别引出了一系列实际的、更具体的差别。在俄罗斯宗教哲学里，对东正教的人学主题、苦修主义主题表达得不好，甚至可以说，它们根本没有获得表达。因为当时哲学过程的发展非常快，在俄罗斯帝国崩溃之前，白银时代末期，在俄罗斯内部已经清楚，东方基督教话语里非常实质性的因素在一切统一形而上学里没有获得表达。

但是，俄罗斯宗教哲学在肯定方面的可能性也是很大的，那些发展了一切统一形而上学立场的哲学家们都是具有世界影响力的哲学家，因此，对他们的批判是逐渐展开的，而且进行得非常缓慢。实际上，对一切统一形而上学立场的批判是在俄罗斯宗教思想的下一个时期开始的，那是在十月革命之后，从流亡的圈子里开始的。因为在苏俄，宗教哲学思想的发展已不可能。另外，需要指出的是，对一切统一形而上学展开批判，并逐渐开始另外一个时代的主要思想家们已经不是哲学家，而是神学家。其原因是比较明显的，因为在俄罗斯思想里，在一切统一形而上学的框架下没有获得表达的那部分任务首先与神学，与苦修主义相关，与东正教宗教性的独特性相关。

对白银时代哲学的批判，对下一个时期的准备，对另外一类问题的准备，实际上是同时发生的，而且发生在20世纪30年代俄罗斯流亡的圈子里。至于对白银时代形而上学的批判，有一个具体的历史事件在其中发挥了决定性的作用，这就是1935—1936年发生在巴黎的索菲亚争论。事件的内容是围绕布尔加科夫《神的羔羊》一书所展开的神学争论。布尔加科夫是白银时代著名的哲学家和神学家，这本书是其庞大神学体系的第一部著作。和索洛维约夫的哲学一样，这个体系也把索菲亚概念或神话形象放在中心地位。在布尔加科夫的神学体系里,无论就一般的风格而言，还是就具体的神学和哲学问题而言，都在实质上偏离了东正教教义神学的传统。不过，在白银时代的文献里，这样的偏离是完全正常的，比如，在弗洛连斯基的体系里，在弗兰克和尼·洛斯基等人的著作里，在白银时代所有的哲学家那里，几乎都是如此。但是，围绕着他们的偏离，并没有展开争论。布尔加科夫的书出版后，却有人提出反对意见。最实质的反对意见是由与白银时代的宗教哲学家们不同的另外一个类型的作者们提出的，他们属于年轻的一代，这就是弗·洛斯基和弗洛罗夫斯基。弗·洛斯基是尼·洛斯基之子，后者是一切统一形而上学的著名代表之一。

弗·洛斯基和弗洛罗夫斯基不但批判了布尔加科夫的索菲亚论，而且表述了属于另外一个立场的新原则，这个立场所针对的就是俄罗斯思想的任务，即表达东方基督教话语。准确地说，这些新原则并不是在一切方面都区别于白银时代哲学，它们也要求创造性地对待精神遗产，不能盲目和保守地保卫精神遗产，而要在这个遗产的基础上进行创造，并要求对这个遗产进行现代理解。这和白银时代哲学的诉求是一样的。但是，除此之外，就是差别了。根据这些新原则，对精神遗产的哲学表达必须是准确的，必须保留该遗产的全部内容。

的确，白银时代哲学根本没有提出这样的原则和要求。在那里，精神传统的内容主要被当作最初的基础，被当作哲学创造、哲学幻想和创造组合的一种跳板。与白银时代的哲学家们不同，在流亡圈子里，新作者们要求必须完整而准确地保留这个遗产。按照对待精神遗产的新态度和新要求，必须为俄罗斯宗教思想制定新战略和新的发展道路。因为新立场要求在利用东方基督教话语作为哲学创造的基础之前，首先要对这个话语自身给予特别的关注，以完整而准确地恢复和表达它。必须先搞清楚，我们要保留的东西是什么。作为这个要求的一个具体后果，在下一个阶段，俄罗斯思想应该从哲学返回神学，返回神学的表达方式。东方基督教话语在自己的直接形式中不是立即用哲学方法表达的，而是用纯粹的宗教语言表达的，那是神学和苦修主义的语言，因此必须返回这个语言，至少在一定时期内应该如此。所以，俄罗斯宗教思想发展的下一个阶段的目的就是由哲学返回（转向）神学。这个返回有两个主要任务，其中第一个任务是制定对待东方基督教话语的新规则，东方基督教话语就是宗教思想要表达的那个遗产。新态度应该是什么？这就是区别于两个极端立场的第三个立场。一个极端立场是纯粹的保守主义，它要求一成不变地保留遗产，盲目服从旧规范。另外一个极端立场是白银时代所坚持的现代派立场，它根据自己的意愿随意使用遗产，而且经常歪曲这个遗产。这两个极端立场都要被克服，再找到第三个立场，这是具有建构性的新立场，它能够摆脱这两个极端立场。

从哲学返回神学的第一个任务显然也是普遍的，每个文化在其发展过程中都要避免两个极端立场：既要摆脱极端的保守主义立场，因为它妨碍创造性的进步，又要摆脱纯粹的现代派立场，因为它完全随意地对待精神遗产，经常忘记或者歪曲这个遗产。从哲学返回神学的第二个任务是更加具体的，它与东方基督教话语的内容自身相关。这个任务就是，东方基督教话语里的一些元素被白银时代哲学忽视和遗忘了，需要恢复它们应有的地位和意义。正如我不止一次地指出，这就是与静修主义经验相关的那些元素，它们没有被白银时代的哲学表达出来。因此，需要认真仔细地返回静修主义经验，强调其基础性的意义。整个东方基督教话语就是在制定这种经验。俄罗斯宗教思想的下一个阶段是从20世纪30年代中期逐渐开始的，其主要特点在于，它不是在哲学形式下，而是在神学形式下展开的，而且要完成我们刚才所提出的两大主要任务。

以后的几十年，大约是在20世纪六七十年代，这些任务可以说基本上完成了。第一个方法论任务和第二个具体任务是在相互独立的情况下完成的，俄罗斯思想因此而获得了两大相互独立的结果。第一个任务主要是由弗洛罗夫斯基完成的，他创立了所谓的新教父综合（неопатристический синтез）学说或理论。这个理论回答了第一个问题，即如何对待东方基督教话语，以便既能摆脱保守主义，又能避免现代派。弗洛罗夫斯基所找到的解决方案以两个对立的极(方面)为前提，这是两个不同的原则和立场，但它们一起决定了精神文化的存在和发展的方式。第一个原则和立场是，应该精确而完整地保留精神遗产（弗洛罗夫斯基认为这个精神遗产的主要内容是希腊教会的教父遗产，即希腊教父学），在任何时代，它都应该成为宗教思想的基础、支柱和方针。第一个原则似乎也是一个保守的原则。但是，弗洛罗夫斯基把这个原则与另一个原则做了结合。在他看来，向传统的返回，向教会教父的返回，对教父的忠诚，不是针对其词句，而是针对其精神。也就是说，宗教思想首先不应该逐字逐句地重复教父们的某些观点和原理，而是重复教父们对待所遇到的自己时代的问题的创造性态度。根据弗洛罗夫斯基的第二个原则，是必须把遵循传统理解为创造原则，这个创造面向自己的时代，面向现代性，从而回应现代性所提出的挑战，这就是新教父综合观念的实质。应该忠实于教父，但这个忠实意味着创造，而不是盲目重复教父们的原理。非常重要的是，弗洛罗夫斯基把自己的这个一般观念应用到俄罗斯思想史的具体材料上，其结果就是他于 1937 年出版的一本非常著名的著作《俄罗斯神学之路》。这本书很重要，它反思俄罗斯思想发展之路，其中实际上已经给出了白银时代之后俄罗斯思想应该如何继续发展这个问题的答案。从哲学返回神学所要解决的第二个具体任务是如何返回静修主义遗产的宗教思想，这里涉及人学领域后来的工作，与对静修主义传统的具体反思有关。

哲学过程在俄罗斯是哲学与东正教的相遇

1988 年引言

与本书其他文章不同，本文不是最近几年的作品，而是很早以前的“停滞时代”的作品。[①] 另外，正如下篇引言解释的那样，对作者而言，这是早期的还很不成熟的尝试。然而，这篇文章在本书中出现不是因为作者喜欢年轻时期的作品（juvenilia），而是有更严肃的理由，其中的第一个就是主题。正如我们在前

① “本书”是指霍鲁日于 2000 年出版的一部文集，“本文”收入其中：*Хоружий С.С.* О старом и новом. СПб: Издательство «Алетейя», 2000.——译者注

言里说的那样，[①] 在本书里，我们的所有思考都按照不同的方式，从不同的方面聚集在一个核心题目上，这个题目就是**哲学过程在俄罗斯**。在本文里，这个题目被置于前台，被提到日程上来，甚至获得了比较详细的研究。大概可以说，在这条（研究）道路上，本文是第一篇，或者是最早的几篇文章之一。当时，在分裂的俄罗斯思想的任何一个分支里都看不到哲学史反思的标志：包括自由派在内的“苏联哲学”在马克思主义之外无法想象自己，反对派意识陷入各种迫切问题之中，而侨民的哲学早就经历了自己最好的时代，补写了白银时代全部最后的篇章，却始终没有来得及严肃地提出这样一个问题——**接下来呢?**

当然，那个时候出现的问题的解决方案、接受的观点和采取的立场，在今天看来很大程度上必然是不完善的、幼稚的，有时候完全是错误的。在那个令人难以置信的年代，别尔嘉耶夫和索洛维约夫就是大众的哲学食粮，也可以说是知识分子的“鸦片”。我的

---

① “前言”是指文集《论旧与新》（О старом и новом）一书的前言。——译者注

研究触及了卡尔萨文和弗洛连斯基，在他们与占主导地位的宗教哲学复兴类型的差别(这些差别是现实的，但是，今天我们可以说，它们并不是根本性的）上，我尝试构建其发展的观念，捕捉其发展的方向。有些东西被正确地指出来了，有些东西是可疑的、有争议的；但是，现在有意义的已经不再是这些解决方案自身了。在四分之一世纪前，这篇文章首次把哲学过程的问题置于中心位置，今天，它自身已经是**该过程中的一个事实了**。它正是以这个资格出现在本书里。从这个视角可以指出,文章已经有了自己不太长的历史，它（历史）按照自己的方式反映哲学过程的最后几个阶段。在作为长期的地下出版物的存在期间里，文章传到了巴黎（作者本人不知情）著名的《俄罗斯大学生基督教运动通讯》编辑部。但是，文章没有在这里引起他们的兴趣，因此没有发表，这一点佐证了以上关于哲学史问题的命运所说的东西。但是，在另外一个时间,另外一个地方,它引起了莫斯科的《哲学问题》杂志社的兴趣，当时正好是共产主义瓦解和对恢复宗教哲学传统寄予短暂希望的时期。文章发表了，并补充了“1991 年引言”。从引言里可以看到，地下出版的年代对主题的发展没有做出太大的贡献。引言主要回应了在当时形成的对待俄罗斯宗教思想的态度上产生严重极化的处境，这是在两个同样是片面的立场之间的两极化，即无限的颂扬和轻蔑的鄙视。当然，和当时的处境自身一样，这个回应也没能够深化对所研究问题的理解。最后，在今天，那里描述的没有成效的处境还在部分地持续；但是，与此同时，对理解的深化毕竟在逐渐地发生着。至少今天我们离白银时代思想已经有了足够的距离，所以，我们的视域不可能完全被这一个思想填满，建立正确的前景成为可能。在我们的文章里，还能明显地感觉到，这个思想依然过分地占据着我们的视域；但是，**重压之下**（**из-под гбыб**）无法完全看清正确的前景，应该对此感到惊讶吗？

因此，今天，一个日期链条已经与这篇旧文联系在一起：1998 年—1991 年—1974 年。按照这个顺序深入下去,回顾一眼俄罗斯哲学过程里的这面小镜子，我们会发现，这个早期不成熟的尝试就是所经历之路的见证者。

1991 年引言

根据我的记忆，本文写于 1974 年或 1975 年，这是作者早期的一次试笔，是地下出版的典型成果，带有**重压之下创作**所特有的问题的普遍性与解决方案的简单性的结合。我想，假如……假如从那时起，所研究的问题获得了应有的、更严肃和更深刻的研究，那么，本文就应该配得上自己不发表的命运。正如所期待的那样，最近几年在对俄罗斯宗教思想的兴趣上出现了一股巨大的浪潮，然而，在这股浪潮里，几乎看不到任何创造性的元素。这个领域完全处在大众政论的控制之下，在这里，人们肆无忌惮地提及别尔嘉耶夫、弗洛连斯基和索洛维约夫的名字。

与此同时，对我们宗教哲学传统的道路和前景的现代分析当然也是必要的；旧文可能有助于推动这种分析的出现。今天，可以把本文发展的观点看作物理学里所谓的玩具模型（toy model）——一个有意简化的结构，它只能传达所研究过程主要性质的最低限量。还要强调一点，这是一个内部的模型（имманентная модель），它符合从内部出发的观点，跟踪哲学过程的内在逻辑，并且以该过程所制定的、位于其中的那些标准为基础构造这个过程。我们在这里不讨论，也不解决对该过程所做的外部的、“客观的”描述的问题，这种描述会把该过程置于一个更宽泛的语境里，并用该语境的范畴来建构它。那是个更加复杂的问题，因为这里说的已经不是一个过程，而是两个过程，即俄罗斯的哲学过程和欧洲的哲学过程，应该在它们的相互交织和相互作用中看待它们。这里也有自己的玩具模型，因为它与我们的模型有差别，所以，关于它也应该简单说几句。

当然，俄罗斯哲学过程的内部模型与斯拉夫派立场有更为紧密的联系，而另外一个“外部的”模型与西方派的立场有更为密切的联系。根据“外部的”模型，俄罗斯宗教哲学从自己的最初阶段到最后阶段都处在中世纪思想类型的范围内，哲学严格地服从教会、教理和教义。这个类型论的论断经常与评价性的论断结合在一起：有人认为，俄罗斯宗教哲学具有中世纪的本性，因此是陈旧的和有缺损的，是对哲学的模仿而已，是哲学发展道路边缘地带长出来的没有前景的突出物。在这个流行的图式里，上述两个论点都需要明确一下，还需要对其做出反驳。无疑，这里所讨论的传统与基督宗教有最为密切的联系。但联系的可能类型无论如何都不能被下面的二分法穷尽：或者“哲学是神学的奴隶”，或者它们是彻底分离的。相反，分析恰好从这里开始，即必须仔细地考察，俄罗斯思想的宗教联系的本性如何，这样的研究显然不会把这些联系呈现为纯粹中世纪的类型。在我们的模型里（我们提示一下，这是最简化的、初步的模型），可以把（所讨论的）传统逐渐形成的联系类型确定为“把东正教看作哲学思考的现象基础”。这和处在中世纪的思维定式是完全不一样的。我们跟随普希金，简单地确认了一个事实，“希腊信仰塑造了我们特殊的民族性格”。我们的结论是，哲学的直接义务是思考和揭示这个“特殊性格”（这根本不是断定，哲学存在的全部义务和意义都在这里）。是的，在西方，类似的思考在中世纪就得出来了。但是，以为这个非常有限的对比可以把弗兰克或卡尔萨文的思想变成中世纪的思想，就意味着犯了蓄意的预期理由（petitio principii）的错误。此外，“外部模型”的第二个论断更加可疑。“落后的”中世纪和“先进的”启蒙时代——这是来自直线式进步的历史模型的通行观念，该观念早就被理论和生活自身抛弃了：我们生活在“亚历山大的范式”里，各个时代的元素在这里经常是结合在一起的，“落后的”和“先进的”概念自身是意识形态的印记。

但是，主要的问题不在“外部模型”的这些不足里。主要的问题是，有一个强大的、有活力的运动，它在其形成阶段就被灾难性地中断了，没有来得及克服在开端里包含的很多不完善和障碍。为了理解这个现象，重要的是不但要看到已经做出的事，而且看到已经酝酿成熟的、显露出来的东西；重要的是潜力和趋势。只有从内部出发，才能区分出这些特征，而不是从外部出发。

和某个时候一样，文化的命运重新成为选择和善意的事。一切被允许终结的、人们不再继续的东西都终结了。你要是继续它，它就不会终结。

——帕斯捷尔纳克致奥西普·曼德尔施塔姆的信

东正教不但还没有表达自己，它刚刚开始用现代性语言和为了现代意识而表达自己。

——布尔加科夫

一

人们经常把20世纪最初的几十年称为“俄罗斯宗教哲学复兴”时期。在这个时期，源自斯拉夫派和索洛维约夫的俄罗斯宗教哲学思想传统经历了自己的繁荣，现在，无论如何都不能认为它（传统）被遗忘了。研究它的各类著作数量庞大，从学术著作到流行文章，而且是在不同的国家，甚至在俄罗斯也有。更为重要的是，毫无疑问，它将成为决定现代俄罗斯自我意识里的思想过程的主要精神现象之一。人们对它的兴趣很大，而且还在增长。但是，另外一点同时也是毫无疑问的，今天未必会有人以为，这一传统还活着，还在延续。人们都把它看作一个与一定圈子的人和一定时期相关的现象，现在，它完全结束了自己的道路，已经成为历史。

这个通行的理解是完全合理的吗？在很多方面，很难不同意这个理解：看来，它是由现存的状况直接决定的。事实上，如果有人在巴黎或匹兹堡研究俄罗斯宗教哲学，撰写厚厚的学位论文，还有献给它的纪念性赞词；如果经常有人在列宁格勒和莫斯科尝试不但研究它，而且跟随它，把它当作自己精神指向的基础。无疑，前者令人尊敬，后者令人高兴。但是，在这两种情况下，我们都没有看到主要的东西——对传统的创造性的、主人式的参与，对传统的进一步更新和丰富。在缺乏这些东西的情况下，我们只能确认，传统的终结是没有疑问的，事实表明了这个终结。当我们谈论精神现象的命运时，只局限于确认事实就够了吗？观念的命运是特殊类型的。在观念里，决定性的元素是它们内部发展的逻辑，是它们的内在历史——这个历史与位于事物表面的那些东西可能相去甚远,显著的经验事实似乎都在证明这些表面的东西。因此，如果不提出关于俄罗斯宗教哲学传统的内在历史和内在逻辑的问题，就不能严肃地评断它的状态与命运。比如这样的问题：传统为自己提出了哪些任务？它完成这些任务了吗？它想说的东西都说出来了吗？平淡地确认下面的事实：现在，在某个当下的时刻，传统看上去是沉默的，这完全还不是对上述问题的回答。如果传统的资源还没有枯竭，那么，它的发展还会继续，尽管发展曾经被迫停滞过；如果在传统的轨道上还能够说出某种重要的新东西，那么，这些新东西会被说出来的，哪怕全球发生生态危机，甚至是“基督教文化的危机”。至于什么时候，在哪里被说出来，这已经是另外一码事了。

这里提出的是哲学史性质的问题。为了回答它们，必须要理解所谈论的传统的实质与意义是什么。作为一种精神现象，它（传统）一方面处在民族文化发展的语境里，另一方面处在欧洲哲学过程的语境里。这是哲学传统的内省、自我认识的工作。在这个工作里，我们持续时间不长的传统没有来得及做出太大的推进。一个经常表述的观点是，宗教哲学运动的一般意义在于知识分子离开唯物主义和实证主义的世界观，并且回到教会的怀抱。这个判断是公正的，但同时是非常不全面的。它所表达的不是传统的内在意义，而是其应用的、社会的方面。假如俄罗斯哲学的意义的确局限于此，那么，我们就要被迫把它归为社会治疗的手段，把它当作一种治疗工作的类型，即让虚无主义知识分子摆脱愚蠢的习惯和活动，比如，为悔过的罪犯们建造的缝纫学校……在涉及传统的真正实质的更深层面上去揭示传统的意义与含义，只能依据一定的哲学**立场或模型**，该模型可以描述相应的精神现象。如果我们从该传统自身推导出这个模型，那么这是很自然的，我们希望阐释该传统的发展道路。不难发现，传统的一般原则与方针包含着对传统自身本性的完全确定的理解，再宽泛一点，包含着对俄罗斯哲学过程的本性的理解。这个理解可以概括为以下几个基本论点。

第一，哲学过程在俄罗斯，独特的俄罗斯哲学思考的形成与展开，都不是个别的和独立的过程，而是俄罗斯文化的历史存在过程的一个方面或侧面，如果用卡尔萨文的术语说就是“特质（качествование）”。在这个过程里，俄罗斯文化是统一的主体，它有能力发生改变、自我确定。

第二，历史过程的实质是对文化主体历史存在的原初内容、根源性原则的揭示、展现与实现。在每个方面，对根源性原则的揭示都是按照自己独特的方式实现的。比如，该过程的哲学方面（如果有这个方面）有自己的内容，就是对该过程的根源进行哲学阐释（反思、改变、处理），在这里，这些根源就是哲学思考的经验材料、现象的基础和土壤。

第三，针对俄罗斯文化的主体，整个过程的精神根源就是东正教及其各个方面构成的总体：信仰和教会、学说和建制，以及生活秩序和精神秩序。

第四，俄罗斯哲学过程的实质与思想内容必然包含通过哲学理性的手段，在哲学理性的形式里对东正教的认识和研究。本真的俄罗斯哲学传统不能不从东正教经验的土壤出发(尽管不一定被这个土壤所穷尽，因为“风随着意思吹”)。

在这些表述里，我们避免过分局限的概念和假定，尽可能保留图式的一般性。对该图式的一般性而言，“过程主体”概念显然是必要的；但是，我们没有把诸如“个性”“民族个性”或“有机体”这样的范畴用于“过程主体”，也没有去考察它的“自我认同”这类比较难的问题。只需要把这个主体思考成带有三个属性的存在者就够了，没有这些属性就不能谈论精神过程，它们是统一性（联系性）、改变的能力和自我确定（自我认识）的能力。对这样的主体而言，我们使用“文化”“文化的（或文化历史的）主体”等术语，通常它们都与“有机论的”历史哲学有关，比如施本格勒的历史哲学；但是，与这个方向的联系在我们这里是最少的。我们没有假定过程是按照演化的规范发生的有机发展。当我们使用术语“发展”（不经常使用）时，我们只是把它理解为“精神的发展”——这是一个很少被确定的和少有约束力的概念，它不排除非常不同的各类机制，如“预成论（преформизм）”“后成论（эпигенез）”“协同（синергия）”等。同时，与有机论历史哲学这一分支的联系显然是无法被彻底消除的，从上述第二条就可以明显地看出，那里说的是“根源性的原则”以及它们的“展开”。我们把这个联系控制在最小的范围内，并且把（我们的）模型与片面的极端性分开，与进化论、根基派（почвенничество）或索菲亚论等类型的决定论图式分开。有机论世界观的元素在教父们的基督教柏拉图主义那里，在构成世界事物原则的那些“胚胎逻各斯（зародышевые логосы）”的观念里就有了。至于俄罗斯哲学传统，从恰达耶夫和霍米雅科夫到弗洛连斯基和卡尔萨文，在一定程度上，它几乎整个地接受了有机论历史哲学的方针。我们的图式遵循传统的共同立场，并结合哲学发展的问题来揭示它们（方针）。这个问题在伊万·基列耶夫斯基（Иван Киреевский）那里已经产生，该图式与他的联系最为密切：事实上，在他那里几乎可以找到其（图式）所有的论点，甚至在表述上都非常接近。

我们现在不对图式做进一步分析。这是一个草图，可以对它进行完善和补充；我们的主要目的不是建立图式，而是对它的应用。它有很多不足，是一个工作图式：它提供哲学过程的统一图景，为过程的展开提供一个结构。它把该过程描述为包含两个主要方面的过程：一方面是“哲学”——表达形式、语言，解释与认识的必要层次；另一方面是“东正教”——内容，寻求成为被表达的质料，寻求认识自己、向自己解释自己的质料。过程自身就是这些基本元素的“关系史”，是它们相遇和相互作用的结果。它（过程）的实质就在于，思考东正教的思想将成为哲学的思想，成为哲学。根据这个观点，就会出现一些自然的特征、“参数”，借助它们可以把过程划分为不同时期或阶段，可以在过程的各种可能的元素之间做比较、区分。这些时期和元素的区分依据就是两个决定性因素中每一个因素的包容程度和在场的程度，即依据“东正教性的程度”（它表明，思想在多大程度上完满地思考东正教，把东正教的经验和质料纳入自身之中）和“哲学性的程度”（它表明，思想在多大程度上完满地把自己的质料变成哲学，把自己组织成哲学知识）。

对过程的任何划分都是相对的，划分的选择依赖于目的和视角。在我们图式的基础上，也可能有不同的划分，我们选择最简单的一种，它只把哲学过程总共分为三个大的阶段。首先区分出开始的阶段，即前哲学的阶段，这时，俄罗斯精神发展只是处在建立自己哲学的门槛上。在该阶段，走自己独特道路的、本真的俄罗斯哲学的可能性自身还是争论的对象，在俄罗斯思想里产生的独特的哲学内容里的元素不是表达在专业哲学的形式里,而是主要表达在神学的形式里。然后到来的是更加成熟的阶段。在这里，俄罗斯哲学在专业的意义上已经形成，即提出了独立的观念和基本问题的解决方案，建立了一批哲学体系。位于这些体系中心的问题通常都是宗教思想里的基本问题，是作为绝对者的神的问题，也是神与世界的联系问题，因此，哲学与宗教内容的密切联系是存在的。但是，该阶段的特点是，联系具有不严格的、随意的特征。在对待宗教内容的态度上，哲学不遵循任何深思熟虑的方法——它只是在利用宗教内容。该阶段的所有哲学体系都依靠某个宗教内容，但是，这个内容与东正教经验的整体、整个“大厦”明显是不一致的。在这座“大厦”里，哲学到底把什么东西当作自己的内容，对什么东西置之不理，这些问题是主观地按照哲学家的喜好来解决的。在宗教里，一个东西与他接近，另外一个东西就与他格格不入；一个东西鼓舞他，另外一个东西可能让他反感……比较典型的情况是，在这些与他接近和鼓舞他的元素中，几乎从来没有东正教特有的性质——东正教教义的细节，具体的类型论特征……这些东西离欧洲哲学习惯了的宗教材料最遥远，这就意味着，在该阶段，在宗教经验领域里，俄罗斯思想所掌握的主要不是东正教自身的知识，而是更为一般的知识。相应地，我们给该阶段的名称是“一般宗教哲学的阶段”。正是该阶段构成了我们宗教哲学传统内容的基础；该传统体系中的大部分都属于这个时期，从索洛维约夫的哲学开始，它就是我们所谓的一般宗教哲学最鲜明和最重要的范例。但是，这个类型的哲学毕竟不是传统的最终成就，它也没有完全穷尽传统。

仔细考察俄罗斯宗教哲学复兴的遗产后，我们发现，在它的晚期尝试里，下一个发展阶段已经孕育，并开始形成。起初，该阶段与前一个阶段区别不大，但已经拥有另外的特点，其中的“哲学”与“东正教”之间的关系也有所不同。哲学思想与宗教经验基础之间的联系有了更严格的、反思的特征。以前的体系只利用宗教内容里个别的、经常是分散的元素。现在人们逐渐离开这些体系，开始把东正教现象的总体纳入哲学理性的范围里。当然，这里说的不是乌托邦式的（也是反哲学的）目的，即让哲学彻底陷入教会生活细节的海洋里。这里所说的有两个重要特点：哲学思考的正是作为完整现象的东正教；哲学依据严格和适当的方法来实现自己对该现象的思考。后来，俄罗斯思想因实际状况离开了俄罗斯现实，然后离开了人间现实。但是，在此之前，上述这些特征已经呈现出来，尽管没有来得及实现成熟的发展。

二

显然，斯拉夫派的活动是第一阶段的基础。斯拉夫派针对俄罗斯哲学传统而言具有开拓者的使命，这在哲学史上是公认的。施佩特大概是我国俄罗斯精神发展的所有研究者中最具有怀疑色彩的一位，甚至他也声明：“斯拉夫派的问题是俄罗斯哲学里唯一具有独创性的问题，无论这些问题是怎么解决的。”① 正是斯拉夫派的创造首次意识到，对俄罗斯而言，哲学不是从西方借用来的东西之一，这些借用是我们所希望的，是为了与文明国家平等；哲学是民族发展的精神任务里的必要元素。斯拉夫派的创造首次确认了俄罗斯思想的一个必要性，即必须要有自己独立的道路和自己独特的任务，它们从我们自己的历史里产生；在这里，这些任务首次被清楚地指出来，独立的俄罗斯哲学思考活动的真正领域已经开放。如上所述，这些任务和这个活动领域与东正教之间有稳定的联系。伊万·基列耶夫斯基的创造特别坚定地贯彻着一个想法，即制定“独立的东正教思维”，在东正教经验的基础上建立独创性的哲学，就是俄罗斯思想的道路与任务。在基列耶夫斯基的创造里，这是其最核心的想

---

① *Густав Шпет*. Очерк развития русской философии. I. Москва: РОССПЭН, 2008. С.76.

法之一。

除了认识俄罗斯思想的道路与任务，在斯拉夫派的遗产里，我们还发现了一系列元素、观念，它们已经在针对这些任务的实现，针对在哲学上理解东正教的实际工作。其中有一些元素和观念还非常深刻地触及东正教的宗教性，也触及哲学问题。这种类型的最重要和最大的贡献是霍米雅科夫的聚和性（соборность）神学，它敏锐地捕捉到可能是东正教教会生活和建制的最重要的特征，并为它们找到强大而令人信服的表达，这个表达在萌芽状态就已经包含了几乎是整个未来俄罗斯的一切统一形而上学。在伊万·基列耶夫斯基那里最清晰地表达出来的斯拉夫派关于人的观念也具有毫无争议的意义。根据教父关于人的学说，人是被造的个性，它（个性）携带神的形象和样式。斯拉夫派关于人的观念遵循教父学说，同时也超前于我们这个世纪的哲学人学的很多思想。然而，现在我们暂时不去研究斯拉夫派的哲学贡献。在该阶段，哲学内容，即使是深刻的和非凡的内容，也主要处在隐藏的状态中。它没有被表达在真正哲学的形式里，没有用专业哲学的范畴体系表达出来，因为在当时，也就是20世纪中期，无论是自己独创的范畴体系，还是借用来的范畴体系，这样的范畴体系在俄语里是不存在的。属于哲学思考的边缘领域的内容——历史哲学、社会哲学等，通常都带有文化哲学随笔和争论的形式；属于更深刻的本体论问题的内容则具有神学的形式。

后者（神学形式）是哲学传统形成的必要因素。哲学传统产生于宗教神话的内部，更进一步说，是神学的观念和概念的内部。起初，哲学传统没有自己的表达手段；随着它对自己的方法和自己对待所研究对象的态度的独立性意识的建立，它逐渐脱离神学的问题和方法。“当思维走向独立时，我们就告别了神学。”[①] 正是这个“告别神学”的阶段在上文被称为“一般宗教哲学的阶段”。在该阶段，哲学与宗教领域还保持着积极的联系，但是，如前所述，它（哲学）只把从宗教内容里选出来的个别元素纳入自己的活动领域。这类体系对晚期中世纪和文艺复兴时期的欧洲哲学而

① *Гегель Г.В.Ф.* Лекции по истории философии.Ч.3. Собр.соч, Т. XI.М.-Л.,1935. С.208.

言是典型的，比如，可以把爱克哈特（Экхарт）和库萨的尼古拉的学说归结为这样的体系。就实质而言，这是个过渡时期，在它之后已经是思想的彻底独立，甚至是孤立了，现在，思想只把自己当作真正的和唯一的哲学对象。这是纯粹思辨的古典哲学阶段。但是，它也不是最后阶段。在这里，不可避免地会呈现出来的是，思维的自我研究自身并不能单独地导致建立完整的和没有被歪曲的实在图景。这时，哲学对象重新成为不纯粹的思维的东西，即在它（对象）的位置上出现了某种无所不包的、宽泛的体系：思想再加上某种与它不同的内容、异在（инобытие）。对最近几十年的欧洲哲学而言，正是这类体系和探索才是典型的。各种类型的如存在主义的、象征主义的、心理分析的哲学（以及生命哲学，尤其是比它更早的一些尝试），个性哲学与活动哲学的各类尝试，都属于这个分支。对所有这些哲学而言，共同的东西是关于某种综合的、组成复杂的，同时是唯一的和不可分割的整体性的观念，这个整体性包括思维内容，但不能归结为思维内容。这个整体性的自然的原型是处在自己经验总体里的人，这个经验由宗教经验联合和调整。如果返回上文引用的黑格尔的那个判断，那么，现在我们可以延续它：当思维意识到自己的奢望是不成立的，即奢望用自己取代整个人，我们就要重新返回——不是返回神学，而是返回宗教生活的完满，这样的宗教生活就是哲学思考的现象基础。此外，哲学与神学的相互关系又发生改变了：现在，根据海德格尔的说法，“哲学是本体论的矫正，它指向神学基本概念的存在者意义上的、前基督教的内容”①。但是，它将保留争取来的独立性，也没有对神学的内在需求（“哲学可以成为自己，而不是作为上述的矫正”②），也不会把自己与宗教的联系看作先天的规定－义务：“基督教完全就是木质的铁。”③

以上勾勒的欧洲思想的演化与第一节里描述的俄罗斯哲学的演化不同，比如，在俄罗斯的哲学过程

---

① *Heidegger M.* Phanomenologie und Theologie. Fr.a.M., 1970. S.32. 参见［德］海德格尔：《现象学与神学》，孙周兴，译，《海德格尔选集》（下），孙周兴选编，上海：生活·读书·新知，上海三联书店，1996 年，第 749—750 页。

② Там же. 参见［德］海德格尔：《现象学与神学》，第 750 页。

③ Там же. 参见［德］海德格尔：《现象学与神学》，第 751 页。

里，取代一般宗教哲学的不是抽象思辨的形而上学，而是向宗教根源更深化的转向。两个过程的相互关系是个单独的话题，我们只局限于两个必要的说明。从海德格尔的说法里可以清楚地看到，从现代西方思想的立场出发，我们传统的全部内容都应该归到神学领域（尽管神学可能对自己的概念做出哲学上的矫正）。这根本不应该令我们感到不安：我们所考察的俄罗斯思想里的差别不会因两个领域之间界限的移动而变得毫无意义，思想的成果也不会变得毫无价值。然而，在俄罗斯哲学与现代欧洲哲学之间的所有对比都应该考虑到下面这一点，即发现了“基督教哲学是木质的铁”的观念性工作在我们的传统里还没有展开。在“神学（богословие）”与“神学（теология）”之间做出意义上的区分，并且把俄罗斯宗教哲学看作位于神学（богословие）领域之外，但暂时还在神学（теология）内部，这样的做法大概也是不无益处的。

此外，在考察俄罗斯的哲学过程时，不能绕过欧洲思想对它的影响问题，欧洲哲学在这里是某种无法消除的**外部因素**。

从产生的一开始，俄罗斯哲学就同时处在有两个支流的河道上，受到两个类型的影响：俄罗斯文化史和欧洲哲学过程。其中，正是前者催生了独立的哲学思想，为它提供土壤和发展环境，决定它的任务及其基本问题。后者的作用依赖于下面的情况，在俄罗斯哲学最终准备出现之前，西欧的哲学已经经历了几百年连续不断的创造性发展。正在产生的俄罗斯哲学从自己的最初几步开始就与高度发达的现成哲学思考方式、现成方法和范畴体系处在相邻和交往之中，因此，它不能不依赖于这笔强大的资源。可以按照比例，把这个状况与基督教思想在基督教最初几百年里所处的状况进行对比：它（基督教思想）认为自己的整个精神以及自己的任务与多神教哲学是完全不同的，尽管如此，它依然还是到处依赖多神教哲学，依赖其专业概念体系。同时，这个依赖性从来没有成为纯技术性的，因为任何与意义、内容脱离的“技术手段”在哲学里是根本不存在的。总之，新传统的表达手段必然要与自己的根源和任务发生矛盾，在自己的内部出现了内在紧张——新酒与酒瓶之间的永恒纷争。冲突的结局只能有一个，那就是新的思想流派建立自己的语言，以及自己合适的形式和方法。但是，在其存在的最初阶段，这是它未必就能立即做到的。

三

如上所述，一般宗教哲学阶段包含了俄罗斯宗教哲学传统的主要部分，如果不是绝大部分。该阶段是由索洛维约夫哲学开始的，在很大程度上，它决定了该阶段的整个精神和面貌。白银时代大部分著名哲学家都被认为是索洛维约夫的追随者，其他人也明显受到他的影响；无论如何，所有人都与源自他的那些问题有关。应该被归入索洛维约夫阶段的有特鲁别茨科伊兄弟、早期的弗洛连斯基、早期的布尔加科夫、别尔嘉耶夫、洛斯基、埃恩等；还可以指出其他人的名字。但是，我们不去讨论个别作者的创造，与我们的主题有关的是该阶段整体的面貌，它的类型特征。

该阶段的特征可以被毫不费力地加以区分，它们可以追溯到哲学过程的宗教根源。该阶段的全部主题和直觉之所以能联系在一起，是因为它们都渗透着某种对整体性的追求，在自己的基础上，毫无疑问这是对宗教的追求，该整体性被看作世界与人的应当的和所期盼的状态。这个追求明显地包含了宗教世界观的基本观念——关于存在的完善形式的观念。该存在的形式区别于此世的、经验的存在，而后者是不完善的和有缺损的。完善的存在被思考为相对于经验存在而言的原初存在，如果不是在时间上，那么也是在某种意义的维度上，它先于经验存在。它（完善的存在）似乎在某个时候丧失了，在恶和罪的自发力量的作用下瓦解了，现在应该重新将其返回。存在的重新联合，对其整体性的恢复就是人的整个历史存在的基本任务，是人的使命与意义。俄罗斯哲学思考的问题和工作在很大程度上都与存在重新联合的意图的不同方面联系在一起（因为意图自身是《圣经》里的伊甸园神话的产物，所以，在这个部分里的俄罗斯思想也处在该神话的标志下，并带有神话意识的印记）。

首先，处在完善和完满中的存在的直觉自身已成为哲学研究的对象。俄罗斯思想主要是在完整与完善的存在建制的《新约》的象征性特征的基础上揭示这个直觉的："神是万物之中的一切。"（《哥林多前书》15：28）在自己真正的完满里，存在被思考成完善的统一体，但是，该统一体不是单质的和连续的，而是由诸多不同元素构成的，它们在整体上是相互联系的，并构成一个统一的和谐秩序；换言之，这是一个多样化的完善的统一体，在这里实现了部分与整体的实质性同一。这个类型的存在建制，或者本体论原则，在俄罗斯形而上学里，从索洛维约夫开始，就获得了一个名称：一切统一（万物统一）。在以前的诸哲学时代，该原则已经不止一次地出现在新柏拉图主义和基督教诺斯替派的体系里，比如，它在亚历山大的克莱门特（Климент Александрийский）和伪狄奥尼修斯（Ареопагитики），以及爱留根纳（Эригена）和库萨的尼古拉等人那里都出现过。在我们所考察的这个时期的俄罗斯形而上学里，一切统一就实质而言是核心的本体论概念，因此，它（这个时期的俄罗斯形而上学）也可以被纳入基督教柏拉图主义宽泛的分支里。

其次，堕落存在向原初的一切统一返回的可能性自身也成为哲学问题。它是作为“为被造物辩护”的话题而被提出和解决的，这个话题是哲学从教父思想那里继承下来的。在关于神与世界、存在的绝对领域与经验领域之间的相互关系问题上，俄罗斯思想的出发点是关于两个领域之间深刻联系的假定。这里假定了，联系表现在此世存在（здешнее бытие）“根植于”神的存在里，表现在“被造物在神里的根”的存在里，通过这些“根”，此世存在参与绝对。由此就产生了意义的概念。和一切统一概念一样，意义概念对俄罗斯哲学家而言也具有魔法般的吸引力。存在者的意义被理解为它在神里的根，它对绝对的参与，它与绝对之间的内在关系，[①] 用柏拉图主义传统的术语说，就是它的“理念”。意义是存在者的决定性特征，针对任何现象，首先都应该在其意义维度上对它进行考察，这个维度能够揭示它与绝对之间的联系。哲学的事业就是在意义维度上实现对现象的考察。显然，这是纯粹和彻底的本体论主义的方针，在俄罗斯哲学里，它完全占据统治地位。

比如，这个方针持久地决定了俄罗斯思想的认识论体系，从索洛维约夫的“完整知识的体系”就开始了。大多数这类理论建构都直接提出了任务，即确定认识论对本体论的依赖性，揭示认识行为的本体论前

---

① 试比较索洛维约夫：“某物的意义就是它与普遍真理的内在联系。”（索洛维约夫《爱的意义》。*Вл.Соловьев.* Смысл любви. Собр.соч.,1-е изд. Т.6. С. 418.）

提。相应地，这个类型的观念就获得了一个名称——“本体论的认识论”。比较典型的例子是，在弗兰克和尼·洛斯基的直觉主义里，对认识行为的解释直接反映了存在的重新联合的观念：在这里，认识恰好就是作为联合的积极性，作为重新联合的活动而获得考察的，活动的结果是，认识者与被认识者之间的现实统一获得确立。

重新恢复存在的完整性，该主题还迫使俄罗斯思想接受自然哲学的立场。这些立场渗透着教父的人中心论（антропоцентризм），即人是“被造物之首”的思想。这里假定，在人的使命里，必然要包含宇宙论和巫术的使命，即“聚集被造物”的工作：在世界上居住和行动的人应该聚集世界，把它改造成活生生的和谐整体。对世界的这种改造-改变不是通过强迫的改革，即按照某种抽象规划而进行的改革来实现的，而只能通过与世界上全部存在物有机的和爱的联合，以及协助展现和释放世界所有存在物的全部潜能来实现。宇宙论的和“管理的”主题在俄罗斯思想里几乎直接与索菲亚主题结合在一起，这是一个更著名和更重要的主题。但是，我们现在对这两个主题都不做讨论：和斯拉夫派的思考一样，这两个主题在自己的研究上依然处在哲学的门槛上，有时候与神学接壤，有时候与随笔接壤。最后，还可以指出，对完整性的追求，对把被造存在（物）都聚拢起来的追求也在俄罗斯宗教形而上学的外部面貌上留下自己的印记，同时反映在它（俄罗斯宗教形而上学）的体系的典型形式里。东正教思想自古以来主要把精神生命看作综合的任务，而非分析的任务，看作精神的聚集，而非它的分割；俄罗斯哲学则表现出自己对建立宽泛的综合性体系的始终不渝的向往，在这些体系里，个别哲学领域和立场的分散性将被克服。第一个这样的图式是早期索洛维约夫肯定的一切统一体系。它是大多数这个类型体系的原型，比如叶甫根尼·特鲁别茨科伊、早期的弗洛连斯基、早期的布尔加科夫等人的体系。所有这些体系结构上的相似性在很大程度上是共同的类的特征，而不是直接相互影响的结果。

※ ※ ※

可以同意下面的说法，我们描述的观念和方针的确符合东正教世界观，也就是在教会希腊教父们的学说里发展的那个世界观。但是，如果仔细地看一看所讨论的这个阶段的图景，就不能不承认，这里所做的对东正教的哲学揭示还远不是完满的，此外，这个揭示在准确性方面仍值得怀疑。显然，甚至针对东正教世界观的主要问题和关键立场，哲学暂时都还远没有做出反应。而且，这里说的不仅仅是形式上的不完满（在发展的开端阶段，这是不可避免的），这里还有一个趋势。正在形成的俄罗斯哲学起初重复的西方思想之路，它几乎只是掌握了基督教精神性的这样一些方面，概括地说，它们符合对基督教的柏拉图化的理解。不仅是前面提到的一切统一形而上学，而且现象的意义、本体内容的问题，本体论认识论的核心论题，即关于认识行为依赖于这个本体内容的论题，以及世界的改变了的、"索菲亚的"状态问题，就实质而言，所有这些问题都没有超出基督教柏拉图主义的范围。但是，没有必要证明，基督教的实质内容无论如何都不局限于它与柏拉图的希腊精神性的共性。与基督教存在的意义（raison d'etre），与"基督事件"相关的一切不能不位于这个共性之外。大概可以把该领域的主要内容确定为基督教关于人的启示，从该启示里产生对人的新理解，形成新的基督教人学。这里包括个性的宗教生活的观念，每个人的精神之路、与神的个性关系的绝无仅有性的观念，以及关于这些关系的特殊规律、隐秘动态进程的观念，这个动态进程是持续一生的神化工作。基督教精神性的所有这些根本问题在该阶段都还没有成为哲学思考的对象。斯拉夫派在这里甚至走在了前面：无论是基列耶夫斯基，还是霍米雅科夫，都没有发展任何体系化哲学，但是，他们都表达了不少内容丰富的直觉，它们也属于哲学人学领域。

需要仔细地考察哲学所发现的基督教内容，看看它对哲学而言意味着什么。在我们考察的这个阶段的大多数体系里，宗教元素是这样一个因素：它为思想提供原初的推动力，为其提供主题、问题，部分地还有解决问题的方向；它发挥发酵原则的作用，是创造直觉与观念的根源。这已经是不小的作用了。但是，哲学毕竟无法确定对待根源的特别严格和负责任的态度，这个态度其实是非常随意的，不乏任性的成分。关于这一点，在第一节里已经说过了。那里还提到，在哲学思考的宗教内容里，几乎从来不包含教义，教义本来有体系化的形式，类似于思辨思想的形式，因此，它看上去应该与哲学领域最接近。但是，在该阶段，令哲学不满意的恰好是教义的严格性、完成性，就自己的实质而言，教义不能成为自由研究的对象、思辨的基础，而且，它还要求对待自己的态度要认真、精确。俄罗斯哲学还不善于处理这样的材料。有个很好的例子是布尔加科夫的创作，他比别尔嘉耶夫、索洛维约夫以及其他人更负责任。他处理宗教内容（包括教义），在自己的著作里给宗教内容很大的篇幅；但是，与此同时，他自己的哲学思想的类型是完全处在一般宗教哲学的范围内的。根据我们的证据，这两个特点彼此之间不相容，所以，布尔加科夫的创作走向了纯神学领域。

在这个阶段，对东正教根源的哲学掌握的不完满和片面性直接与一个“外部因素”有关，那就是欧洲哲学过程的作用。在我们考察的这个时期，西方哲学具有的特征几乎完全是思辨的，黑格尔提供的思辨思想发展的新的强大推动力尚未枯竭，因此，俄罗斯哲学在很长时间里只能在思辨方法的框架内表达自己，这实际上是不可避免的（当时，与之对立的哲学只有斯捷蓬所谓的“俄罗斯风格的内在哲学”——某种思想深刻但尚未分化的哲学思考方式，它还不清楚自己的规律，也没有能力赋予自己论点以精确的意义）。但是，这就与俄罗斯思想原初的有机任务发生了矛盾。上述所有特点都妨碍这些任务的完成，就实质而言，它们实际上都是思辨思想的类型标志。按照黑格尔的看法，思辨哲学“是对观念的认识，这种认识把一切都当作观念”。这种思辨哲学认为，在基督教里，只能是与柏拉图主义传统有类似和接近的东西在哲学上才是有内容的。因此，它（思辨哲学）没有能力理解基督教里与该传统相悖的最重要的内容。思辨哲学有个特点，即极其随意地处理任何位于思辨之外的材料。尽管在自己内在的思辨建构领域里觊觎彻底的严格性，但是，在处理宗教经验时，思辨哲学却经常变成粗俗的即兴表演（难怪思辨类型的最伟大的哲学家们的宗教观点的贫乏和不敏感经常是令人惊讶的，比如黑格尔、康德和叔本华）。正是思辨哲学忽视教义，或者尽一切可能降低它的意义，没有能力把教义纳入自己工作的材料范围里。黑格尔声明：“教义……现在在人们的信念里不再发挥任何作用。”①

显然，俄罗斯形而上学不能不发现，在西方哲学思想的一般精神和指向与正在形成的俄罗斯哲学的原初任务之间有一种不一致性。对思辨哲学的批判态度，追求克服这种哲学方法，走出它的范围，这一切都伴随着俄罗斯思想，从其最初的几步开始，从霍米雅科夫关于黑格尔所写的揭露性作品和基列耶夫斯基提出的建构“独立的东正教思维”的任务开始。对一般宗教哲学阶段而言，它们构成该阶段的主要意向之一，是其思想旨趣的重要元素。在这个方向上，第一个系统化的尝试是早期索洛维约夫的《抽象原则的批判》。在这里提出的任务是消除哲学范畴的“抽象性”，就实质而言，该任务就是建立新的形而上学，途径是哲学克服自己的思辨特征。作为解决方案，索洛维约夫提出一个形而上学体系，它建立在存在者（сущее）概念的基础上。就哲学实质而言，此概念是“抽象的”，其抽象性丝毫不亚于任何一个“抽象原则”。因此，“批判”的结果却是获得了同一

① *Гегель Г.В.Ф.* Философия религии.Т.1.М., 1975. С.236.

个思辨类型的哲学。具有典型意义的是，作者自己后来离开了这个哲学，并考虑建立完全是另外一种性质的学说。索洛维约夫的尝试及其失败不仅对所考察阶段而言是典型的，它们还制造了该阶段的范式。在索洛维约夫之后，人们用其他的术语，在其他视角下再三提出“克服”的任务；但是，这些克服所导致的结果却是产生了又一批德国类型的思辨形而上学体系。批判的方针没有达到目的。现实地摆脱思辨方法，这还需要在哲学思想的秩序和原则里发生诸多内在的改变。有这样的体系，对思辨方法的摆脱在其中就有效地实现了，在下一个阶段，应该把它们区分出来。

四

新阶段的形成过程根本没有结束。针对反思根源的旧任务，新的、非思辨的立场应该成为该阶段的内容，但是，新立场无论在哪里都没有获得彻底的表达。不过，在不同作者那里，在俄罗斯哲学复兴的各类作品里，我们已经可以清晰地看到它的特征。我们认为（也许有主观主义的成分），在弗洛连斯基和卡尔萨文晚期成熟的创作里，它们（特征）相对而言被更完满和更清晰地呈现出来。下面，我们就主要谈谈他们的创作。

已经明显确定的是，俄罗斯思想的任务是在哲学上揭示东正教，在进一步推进这个任务的过程里，它（俄罗斯思想）倾向于现象学的立场。现象学立场的核心原则是最大限度地深入哲学的经验材料里，对它们进行没有成见的、直接的和“不用推理与证明的概念体系”（胡塞尔）的观察和描述。我们补充说，在弗洛连斯基那里，在卡尔萨文那里，在弗兰克那里，都有一个坚定的观念，以前的形而上学及其抽象的构造与臆测应该被彻底的现象学所取代。后者不从外部带来任何形而上学原则或假说，而完全彻底地依赖于确定的原始材料。对待这些材料的态度，对待哲学经验土壤的态度发生了彻底的改变：如果在抽象构造的过程里，思想越来越远离这个土壤，最终几乎是忘记了它，那么，现象学描述则在自己的发展中越来越向土壤深入，让自己对土壤的观察越来越认真和细致。在这里，有必要明确一下，被克服和消除的不是思辨哲学自身，它与现象学根本不矛盾（思辨就是观察!），而只是它在哲学里长期占统治地位的那个形式，也就是抽象的、“增加本质的”形而上学的构造。克服没有导致与西方思想的割裂，西方思想也发展了现象学方法；但是，它（克服）也并没有导致与西方思想的融合，因为和“基督教哲学”一样，“俄罗斯哲学”最终也是“木质的铁”。然而，对东正教进行哲学思考的直接任务必然使得俄罗斯思想的现象学工作带有自己的特点，给它（工作）带来特殊的问题、主题和侧重点。

显而易见，现象学方法可以更好地承担揭示如此复杂和不同性质的内容的任务，这（内容）就是东正教及其整个精神和历史。但是，这根本不意味着，尝试遵循现象学方法的任何经验都是对作为整体的现象学土壤的正确转达，即摆脱了片面性和歪曲的转达。如果这种类型的初步尝试不能包容这个土壤的所有方面和领域，而且不能保证在不同的尝试里，包容（的程度）是相同的，那么，我们认为这是自然的。如上所述，在俄罗斯宗教哲学里，在一定程度上，卡尔萨文、弗洛连斯基和弗兰克等人的后期体系都属于现象主义（现象学派）分支，所有这三个体系都在对东正教经验的原则上不同的，甚至很少相互交织的诸方面进行现象学的把握。

在弗兰克的哲学里，这些被思想掌握的东正教诸方面实际上与以前思辨体系里的东西是一样的，即基督教世界观里最一般的存在观念，它们催生和滋养了基督教柏拉图主义传统。东正教在基督教各分支里的特点，以及基督教在世界宗教里的特点，几乎都没有被纳入进来。具有典型意义的是，弗兰克的核心哲学著作《不可认识之物》第一部用苏菲派神秘主义的一句话作为题词；弗兰克始终不渝地把柏拉图主义和新柏拉图主义的希腊思辨神秘主义当作“自己思想的基础”。和前面的情况一样，这里也保留了对教义的不关注，不承认教义有任何哲学价值——根据弗洛罗夫斯基的公正意见，“对弗兰克而言，教义只有实践意义，但无论如何都没有理论意义”[①]。因此，在对东正教进行的哲学掌握方面，在我们感兴趣的意义上，与前一个阶段相比，弗兰克的体系很少有新东西；就实质

① *Флоровский Г.В.* Религиозная метафизика// *ФранкаС.Л.* Сборник памяти С.Л.Франка. Мюнхен, 1954. С.147.

而言，这还是那个一般宗教的哲学，尽管它通过另外的方法资源表达一般的宗教内容。

与此不同，在卡尔萨文和弗洛连斯基的形而上学里，哲学的经验土壤获得了扩展：作为哲学思想的材料，宗教经验的新领域在这里被积极地吸纳进来。

五

在卡尔萨文的体系里，哲学的经验材料首先是基督教教义,最近的一个教义就是三位一体(троичность)教义。在哲学史上，三一体（триада）的原则多次成为哲学体系的基础，但是，卡尔萨文的基础是教义，不是思辨的原则。在该教义之后，还有其他教义，如晚期普世大公会议的基督论决议，以及其他丰富的教义材料也进入该基础里。在该体系的基础里，还有一个本体论范式，它在现象学的意义上与三位一体教义联系在一起，存在里的所有运动与过程，所有的改变与变化，都是根据该范式实现的。这个普遍的本体论范式就是三**一体**(триединство)——一个动态的结构，它的特点是三一结构，其成员或层次都在实施各种存在状态或行为，并且，它们也靠一种特殊的动态统一体联系在一起。该统一体要求它们相互同一，同时要求它们之间有一定的秩序。构成基础性的三一体的这些成员或层次的名称分别是：**前统一—自我分裂—自我恢复联合**。

这样，三一体是某个原初统一体内部本体论的（一般而言，不是时间意义上的）过程，这个原初统一体在经历自我分裂后，又自我恢复联合（返回统一体）。这不是存在的结构类型（如一切统一的原则），而是动态原则，是本体论动态进程的类型；它描述的不是停滞的存在，而是“存在的戏剧”，存在与非存在的相互转换。至于对这个原则的研究，在卡尔萨文那里，该原则呈现出与哲学史上的其他基础性的三一体之间的很多共性，如普罗提诺、普罗克拉、黑格尔的三一体，特别是与库萨的尼古拉的存在－潜能（possest）的观念有很多共性。但是，以上指出的特点也是非常明显的：卡尔萨文的研究企图依靠现象学观察的元素，观察的基础是教义。

值得讨论的一个问题是，在这里，在哲学领域和教义领域之间形成的是什么样的关系。除了已经讨论过的关系（可以归结为哲学对教义的简单沉默），还有两个相互对立类型的关系很早就流行了。一个类型是，哲学尝试通过自己的手段“导出”“证明”教义，并奢望在思辨推理的范围内获得关于绝对的内在结构、内在过程的结论。对宗教意识而言，这些结构和过程是启示的对象。另外一个类型是，哲学盲目地模仿教义，从一开始就把它当作自己的某种样板，哲学只能用自己的专业术语“转述”它（样板）。概括地说，可以认为第一个类型对新教思想而言是典型的，第二个类型对天主教思想而言是典型的。在每一种情况下，两个领域里的每个领域的独立意义，以及它的不可替代性和不可归约性都遭到否定。在第一种情况下，教义里给定的所有重要的东西都被认为是可以在哲学范围内获得的；在第二种情况下，哲学所获得的所有重要的东西都在教义里被给定了。因此，结果就是，应该用奥卡姆的剃刀把教义彻底削掉，或者把哲学削掉……然而，把教义当作哲学的现象基础将导致另外一个，也就是第三个类型的关系，这时，思想渴望把教义当作真的现象来描述——教会聚和性经验的现象（为此它自己应该进入聚和性的元素里！）。它（第三个类型）与第一个类型的区别是：教义在这里是给定的东西，而且是启示性的东西，哲学不对它进行任何的“导出”和“证明”。它（第三个类型）与第二个类型也没有一致性；哲学对自己的现象基础的处理根本不是对这个基础的盲目转述，而是对它的内在转化，将其完整地转移到新的精神层面上。在现象学观察里揭示教义意味着获得哲学真理，它（真理）根本不包含在教义自身里，这里的教义就是宗教启示的固定表述。这两个领域非常密切地交织在一起，同时又不相互奴役，也不相互吞噬……教义对哲学的这个定向的意义还是由伊万·基列耶夫斯基想到的，在俄罗斯思想道路的几乎所有的危机转折上，我们都能遇到他的这些直觉：“在自己的开端里，哲学的方向依赖于我们关于圣三位一体所拥有的概念。”[①]卡尔萨文在实现我们所描述的哲学和教义之间的联系时得出的结论是，三一体的三个基本元素在其内在实质或自我确定里是相互同一的，它们之间的关系，以及它们与共同本质（сущность）的关系，都在重复圣

① *Киреевский И.В.* Собр.соч.,Т.1. М.,1911.С.74.

三位一体的位格之间的关系，以及位格与本质（усия）的关系。

同一个教义基础还能产生一个同样重要的具有导向性的直觉。神的位格（ипостась）就是个性（личность）。在对关于神的学说的哲学研究里，基督教教理的这个见证获得的关注极少。神是个性；基督教是个性的宗教，这些以及与它们类似的古典准则（максимы）没有遭遇争议，也没有获得确认，始终没有发生变化，始终位于哲学之外，在关于神的学说的中心反复出现“抽象的原则”和“实在化的属性（гипостазированные предикаты）”——精神（дух）或理智（ум），或者存在者，或者实体（субстанция）……在欧洲哲学里，甚至未必能够指出任何一个体系化的本体论经验，其基础是个性的概念。卡尔萨文追求建立的就是这样的本体论。神的存在，或者同样可以说，存在自身，在自己的完满里的真正存在，被他一贯地解释为个性的存在，这是个性存在的类型。这个立场可以被看作古典本体论主义的逻辑延续和完成。存在意味着超－存在的本质（сверх-бытийная сущность）从“永恒的虚无之夜”（海德格尔）走向确定性，走向开放性；在向生存显现后，它将获得自己的表达。但是，获得完善的、彻底的表达，就意味着在个性里表达自己，拥有面孔。拥有面孔就是表达和开放性的完满和极限，是终极的和最高的限度。因此，在完满的表达里，本质就是存在，用神学术语说就是位格性[①]，也就是个性。此外，重要的是，对哲学人格主义的现代经验而言甚至是相对新的东西，就是这样一个果断的论点，即个性自身属于神的存在范围，而不属于被造存在的范围。教义的土壤孕育出这样一个哲学论点："个性不是被造的和人的原则，而是神的原则，就是神自身。"[②]神是个性，但只有神是个性，被造的个体不是个性。事先还不清楚，后者与个性原则的关系如何，还需要确定它（关系）——这是一个特殊的哲学问题域。

---

① 与具体的位格不同，位格性（ипостасность）意味着拥有位格的原则自身，意味着作为表达性的位格性原则。在哲学里，与具体的位格相关的不是存在（бытие）范畴，而是生存（существование）范畴：三个不同的位格就是本质（сущность, усия）的三个自我规定的方式，也是三个生存的样式。存在是统一的，它是所有存在样式的共同基础、共同原则。

② *Карсавин Л.П.* Церковь, Личность и Государство. Париж, 1927. С.6.

既然存在是个性的，发生在存在里的一切事情都由三一论的原则来描述，那么该原则也能够说明个性的结构和内在动态进程。结果就是，卡尔萨文本体论基础里的所有三个最基本原则的关系得以确定：神、三一、个性；它们之间的关系就是相互的同一。它（同一）构成了卡尔萨文本体论的真正核心，随着这个核心的确立，本体论的基本原理的体系就完成了。

六

卡尔萨文形而上学的其他部分联合成为一个关于被造世界的内容丰富的学说，在方法方面，它们具有更加混合的特征：在一些部分里，我们可以看到对经验的教义基础同样严格的遵循，在另外一些部分里，可以看到明显的形而上学虚构的成分。卡尔萨文描述被造存在的本性和命运；一般而言，“现象学的”元素在他对“本性”的解释里占主导地位，“思辨的”元素在对“命运”的解释里占主导地位。还需要指出的是他的创造的演化：第二个元素有缩小的趋势，该趋势有利于第一个元素，对卡尔萨文两部主要哲学著作的比较就可以表明这一点，即《论原则》（1925）和《论个性》（1929）。

存在自身与个性存在以及神的存在之间核心的本体论同一性有一个必然的结果,那就是这样一个结论:在自己与神的关系之外，被造物自身不拥有存在，也不是个性；它是非存在的、非个性的、非位格的。既然在一定意义和一定程度上，它是存在着的，并参与存在，那么，这就意味着，它从神那里借用了存在；它在多大程度上达到这样的状态，那么，它也在同样程度上成为个性,“位格化着（воипостазируется）”。因此，被造物不是存在着，而是生成着的东西。被造物的生存，此世存在，就是本体论的改变、过程。该过程的实质是被造物获得存在，它向个性的生成，向神的位格的生成——参与神（Богопричастие）；根据教父传统，卡尔萨文称这个过程为神化。这里描述的对被造物本性的理解深深地根植于教义学和教父学。

此外，卡尔萨文展开神化过程的复杂图式，将其与神的存在的三一结构结合在一起。根据这个图式，被造物从纯粹的虚无里产生后，就处在神化过程里，达到神化的完满，“在神的位置上成为神自身”。根据教父们的说法，这是“因着恩赐的神”——这个神自身还带有被造性的痕迹，是“携带某种东西的神（изнесущный Бог）”。但是，后来，“携带某种东西的神”以不可认识的方式克服自己的被造性和携带的东西（изнесущность），成为唯一的、真正的神。因此，被造物自身是与唯一的和真正的神有别的东西，它（被造物）不再存在，而是向非存在成长，它的整个道路（还是三个阶段的）就是这样一个“从非存在通过完满而走向非存在的运动”[①]。因为存在的统一性和不可分割性，被造物之路要求在神的自身内部的一定过程中——既然被造物从神那里汲取存在——在被造物的神化里，在一定意义上，神应该丧失存在（试比较“如果有神，那么就没有被造物，如果有被造物，就没有神”[②]），随着被造物向非存在的返回，神重新获得存在。结果就出现了一个无所不包的本体论动态进程的广泛图景，它既包含“神的历史”，也包含被造物的历史，它们之间不可分割地联系在一起。整

① Там же.С.203.

② Там же.С.175.

个总体的动态进程就是一种独特的“双螺旋线”，它把相互对立的两个分支结合于自身：神的存在—非存在—存在，以及被造物的非存在—存在—非存在。从本体论的秩序上看，“起初——只有一个神，然后是正在死亡的神和正在产生的被造物，然后只有取代神的被造物，然后是正在死亡的被造物和复活的神，然后又只有一个神”①。

这个形而上学图式的个别元素在一定程度上与教义和教理的土壤有直接联系，比如，与基督论的那些教义有直接联系，与下面的著名的教父原理有直接联系：神成为人，为了人成为神，等等。总体上，类似的体系具有非常明显的观念色彩和类型属性。卡尔萨文的哲学思想建立了神与世界之间无所不包的动态进程的“双螺旋线”，这是复杂的，是在辩证法的意义上精致的“双螺旋线”。在它们（双螺旋线）的基础上，卡尔萨文的哲学思想表达了关于“最后事物”的大胆的和悖论式的学说：关于地狱、死亡、复活。因此，他的哲学思想是在欧洲思辨神秘主义的传统轨道里活

① Там же.С.161.

动。它（哲学思想）把生成、历史、戏剧和死亡的主题带入关于神的学说里，就类型和观念而言，它必然与诺斯替以及“神智学”（在谢林“自由神学”的意义上）类型的思想有相似性，比如，它非常类似于爱留根纳的思想（顺便指出，卡尔萨文努力研究过他，并打算翻译他的著作）。在这里，在哲学对待自己的土壤和根源的态度上，看不到所需要的实质更新。

在卡尔萨文的学说里，有一部分更为详细地描述了被造存在的结构，该部分引起了另外的怀疑。在自己的历史生存里，被造物是存在与非存在之间、个性与无个性之间的某种“中间物”。卡尔萨文用不完善的范畴来转达这种中间性，即此世存在的特点——被造物是不完善的个性以及不完善的三一体。在他那里，三一体与一切统一密切相连：后者是三一体的静态方面，是本体论过程主体的结构类型，或者是其内在形式。同时，不完善的三一体，或者是被造世界、宇宙，在自己的时间空间存在的每个时刻也都是不完善的一切统一。在这里，多样的统一，部分与整体的同一只能是不完满和有缺损地获得实现。然而，不完善还不能否定下面的结论，即在每个时刻，被造物世界不但是多样的，而且是统一的，被造物世界也是统一的个性，尽管这个统一的个性是处于萌芽状态的和有缺损的。这个古老的思想是神秘－诺斯替传统和教父传统的共同思想，比如，在认信者圣马克西姆那里："只存在一个被造物，同时它也是任何一个被造物，如同统一的人那样。"[①] 在卡尔萨文的学说里，这个思想发挥了重要作用：我们看到，他的很多立场恰好都可以追溯到对统一体的强化肯定，追溯到统一性相对于多样性、自由的优势。此外，部分与整体的同一的原则决定了被造世界在自己的任何一个部分里也应该成为（在不完善的意义上）个性的存在。因此，不但个体的人是不完善的,被纳入宇宙的统一个性里的个性，而且从个体到宇宙的所有中间层次都是个体的个性的集合、总体，甚至自然界的各个领域，包括有生命的和无生命的自然界（既然它们在一定程度上都被吸引到历史和神化里），都是独立的个性（尽管只是在不完善的意义上，只是在萌芽状态里）。卡尔萨文称这

① *Карсавин Л.П.* Святые отцы и учители Церкви. Париж, 1926. С.240.

种聚和性的、超个体的“个性的构成物”为**和谐的个性**（симфоническая личность）。一般而言，任何一个这样的“个性”都包含着一系列个体的个性，但是，它自己也进入各种不同的“更高级的”“更大的”和谐的个性里，比如，进入被造物世界总体的和谐的个性里。

总之，世界呈现在复杂的等级结构里。它（世界）是和谐的个性，同时也是相互包含的诸多和谐的个性的一个等级体系。该等级体系的顶峰是作为统一整体的宇宙；其基础是个体的人，是不完善的三一体自我分散的最后边界，是个性存在的“原子”。同时，任何一个和谐的个性在自己与更高的、包含它的那个个性的关系里都是后者的“一个时刻”或“一个特质”（卡尔萨文的术语），是“被缩小的”后者，即仿佛是其浓缩的、压缩的表达；在实现自己的时候，任何一个和谐的个性自身都“以浓缩的方式包含”更高的个性。

和谐的个性的概念是卡尔萨文对此世存在的全部描述的基础，该概念远不是他个人的虚构，也不是哲学的新事物。在教会教父传统里，以及在俄罗斯文化里，它（概念）都有毫无疑问的和牢固的根源。比如，我们提醒一下，东正教教会论如何解释加入统一东正教教会的地方教会（поместная церквь）概念？当代一位权威作者给出下面的定义：“地方教会，即围绕自己主教和神职人员聚集在一起的**团体**（община），是**完满的**教会。它是基督的教会**在给定地点的呈现和停留**。”[①] 由此可见，和谐的个性（在自身中实现了最高的和谐的个性）的等级概念完全符合东正教对主教区团体和地方教会的理解，或者更正确地说，卡尔萨文直接依靠和参考了这些教会论概念来制定和谐的个性的等级概念。无疑，这个概念与俄罗斯思想非常喜欢的传统的聚和性观念（和谐的个性只包含个体的个性，但不包含自然界，卡尔萨文把这样的和谐的个性直接称为聚和性的个性），以及关于有机与和谐的世界建制理想的观念有最为密切的联系。这个理想，聚和性的主题与和谐的个性概念一样，都可以追溯到一切统一的原则，都是其（一切统一原则）在被造世

① *Прот.Александр Шмеман.* Знаменательная буря. Несколько мыслей об автокефалии, церковном предании и экклезиологии// Вестник Рус.Зап.-Европ.Патриаршего Экзархата, 1971.вып.75-76.С.201.

界和社会生活领域里的应用或"投射"的尝试。以一切统一直觉为基础的社会理想、社会建制类型是俄罗斯思想最古老的话题。斯拉夫派把该理想称为"村社共同体（общинность）"；还有著名的"村社"，关于它的争论和思考在我们的思想史上占有非常显著的位置，就意义而言，它们（理想和村社）和卡尔萨文形而上学里的集体的个性或者和谐的个性是一样的。正如霍米雅科夫在自己的聚和性神学里令人信服地表明的那样，这个村社的（或者聚和性的，或者和谐的）建制类型最纯粹的实现就是教会。此外，民族、人民的总体也始终被看作真正的村社、集体的个性的例子。俄罗斯历史有自己的独特性和自身价值，有自己特殊的意义和内容，该论断的主要理论依据就是民族个性的观念，即作为个性的民族的观念。斯拉夫派就曾经积极地肯定了这个观念（霍米雅科夫说过"和每个人一样，每个人民都是同样的活生生的面孔"[①]），就实质而言，它始终都位于俄罗斯历史哲学思想的视域里，一直到我们今天，人们再次尝试用它来解决现代

---

① *Хомяков А.С.* Собр.соч., 3-е изд. Т.1. М.,1900. С.38.

社会的精神任务问题。[1]然而，需要立即指出的是，个性的、一切统一的教会建制的论点与关于民族的论点之间有根本的差别：只有前一个论点在基督教本体论里有依据，后一个论点属于政论领域，或者属于“有机论哲学”。有机论哲学按照折中的方式把多神教观念和基督教观念混淆在一起。然而，多神教的本体论是把民族神化，但没有个性的观念；基督教本体论拥有这个观念，但是把它归为神的存在，而非被造的存在，而且根本不认为它可以用于民族文化组织。只有教会就自己的定义而言，当它是神秘的社团（община）时，才明显地参与神的存在，因此拥有个性的本性，否则，它根本不是个性。

有机论的概念把恩赐－教会的和自然－历史的原则融合在一起，卡尔萨文关于和谐的个性的学说也位于有机论概念的行列里。这个情况对人学有重要的影响。和等级结构的任何一个元素一样，人在这里仅仅是最高和谐个性的显现和实现，人存在的意义仅仅

---

① *Борисов В.М.* Национальное возрождение и нация-личность// Из-под глыб. Париж,1974.

被归结为对这些个性的表达（教会、民族、团体），“把自己看作对最高个性的自愿的自我实现”。因此，人丧失了本体论的独立性和自身价值；他与神之间不拥有任何属于自己的和直接的关系，他只能通过更高的个性，按照它们的等级“级别”来实现它（关系）。可以说，如果在索洛维约夫的形而上学里根本没有人，因为在始终没有能够克服“抽象原则”的思辨本体论里没有人的位置，那么，在卡尔萨文的形而上学里，人则被降低到次要的位置，并丧失了个体的不可重复性。人只是和谐个性等级里的一个抽象“元素”，这样的元素自身与所有其他元素之间没有任何实质性的区别。尽管有时候也断定，每个元素都不可重复，但是，就其图式的精神而言，同一个和谐的个性里的所有元素在所有实质的方面都拥有同一个命运，与神的关系也是同样类型的……据此，卡尔萨文对神化的解释的特点也就清楚了。如果有人断定，人需要关注的只是在自身中更加完满地实现最高的和谐个性，另外，他们认为，人生存的意义是神化，那么显然，就只能得出这样的结论了：和谐的个性的实现就是神化所要求的唯一的东西。因此，就得把后者（神化）理解为一个“自然的”过程，它与和谐的个性的简单存在是一致的，这些个性的等级必然会成为神化的等级。显然，在这个解释里，被提到首位的是神化过程的外部形式、社会历史方面，而神化的所有内在的、恩赐的维度都被完全忽视了。如果让这个趋势彻底实现，那么，我们就可以把神化与“历史进程”直接等同起来，在此之后，就拒绝（神化）术语自身，因为它明显地成为多余的。这已经是黑格尔的立场，其中被置于圣灵位置上的是一个虚构的“狡诈的历史理性”，它让形而上学家摆脱道德评价的绝对性要求……同时摆脱用新原则补充自己思想的必要性，假如这些原则与他的哲学气质格格不入的话。

因此，在卡尔萨文体系里，以上指出的所有元素之间有着非常直接的联系：和谐的个性的观念—被造存在的等级图景，该图景剥夺人与神的直接联系—无恩赐的社会历史“神化”的形而上学—黑格尔历史崇拜的趋势—最后，在该趋势之后，是他的社会政治观点。卡尔萨文直接诉诸和谐的个性的理想，和他所领导的欧亚主义一起，他完全拒绝民主社会的原则，支持“团体的”社会形式，它们的基础是个体对最高社会组织（民族、党派）的严格等级服从；其中，他把“某些专制形式”也归入所希望的这些形式里……现在也不应忘记，在观念的生命里仍然还有这样的篇章，还有对观念的片面肯定所带来的这些危险，因为现在我们又面临和谐的个性和民族的个性的理想的复兴。

未必需要证明，卡尔萨文的体系里的这套观念和主题与基督教宗教性的实质相去甚远。根据基督教福音的整个精神，在被造存在的范围内，人是首要的，而不是次要的，是独立的和自身有价值的，而不是服从某些集体的组织。在自己主要的和最深刻的定义里，在自己与神的关系里，人亲自与神面对面，而不是作为任何一个和谐的个性里的“元素”。在每个人身上，与神之间个性的和直接的关系都以特殊的和绝无仅有的方式实现，在不同的人那里，这个关系可能导致本体论意义上不同的结果，导致完全不同的永恒命运。神人关系的内在动态进程不是由社会历史处境决定的，而是由人的本性与神的恩赐的能之间不可思议的相互关系决定的，并构成了神化的实质，因此，后者（神化）首先是恩赐的、“能－协同的”过程，其次，在外部的和次要的层次上，才是社会历史的过程，等等。

为了让我们信仰的所有这些根本原理能够在卡尔萨文的体系里找到自己的位置，这个体系必须有另外一个哲学原则,它可以矫正和平衡关于和谐的个性的观念，恢复人的首要性以及他与神的关系的直接性。可以直接地说，在卡尔萨文的体系里没有这样的原则；还可以说，这样的原则在其中也不可能有。有碍于此的是卡尔萨文的体系的性质自身和他的哲学思想类型，以及他固执地强调哲学的“一元论”，坚持把哲学体系的所有元素都提升到唯一的基本原则上。

七

如果用类似方法分析弗洛连斯基的形而上学，那么所获得的图景将是非常相似的。这两个体系虽然具有非常不同的特征，集中于完全不同的主题，但是，它们在自己与东正教土壤的关系方面却表现出很大的相近性。在这里，下面的观点被非常确定地接受了，对这个土壤的密切关注包含在哲学方针里，哲学认识的前提是对土壤不带成见的、不歪曲的观察和描述。然而，在深入东正教活生生的经验的个别领域时，这两位作者完全忽视和遗忘了这个经验的其他同样重要的部分。在被切割和压缩的经验土壤上，他们建立自己的哲学体系，这些体系对根源性原则的揭示明显是片面的。

根据我们的立场，在弗洛连斯基的哲学里，必须要考察这两个决定性因素，即哲学因素和宗教因素具有什么样的形式，以及它们是如何结合的。经过考察，我们立即可以发现他的哲学是非常独特的，这个独特性就表现在它（哲学）选择东正教作为哲学思考对象的领域。如果在索洛维约夫类型的哲学里，这些领域只包括宗教世界观的一般观念，作者们再根据自己的喜好补充个别主题；如果在卡尔萨文的形而上学里，这样的领域就是教义，这是哲学思想关注的自然对象，因为它（哲学思想）与教义神学非常接近；在弗洛连斯基这里，从一开始，处于首要位置的就根本不是宗教内容的理论的、理性认识的领域，而是其实践领域。“宗教的现象基础”在这里主要被理解为宗教实践、教会生活和在教会里的生活。这是非常广泛的、有不同分支的领域，它把最不同的内容纳入自身中来——圣徒和苦修者们的生平与活动，圣礼和礼仪，祷告和释经学的训练，教堂艺术，以及其他很多东西。弗洛连斯基非常积极地吸收和利用着如此多样化的材料。从出版的最初几天开始，他的《真理的柱石与确证》就因其丰富的、多样的和广泛的宗教材料而一直令人惊叹不已，这些材料都被引入了哲学问题里，对个别章节内容的简单考察就可以让我们完全确信其材料的无可比拟的丰富性与宽泛性。比如，第五封信是“保惠师”，这里有奥利金和教会教父的著作——教父包括大阿法纳西、大瓦西里、神学家格列高利、认信者圣马克西姆；三一祷告词，对《新约》关于圣灵的文本的解读；新神学家圣西梅翁的颂歌。第九封信是“被造物”，还是教父著作，普世大公会议关于食物和婚姻的决议；圣徒传、礼仪学和苦修学。第十封信是“索菲亚”，有对《旧约》和《新约》里有关索菲亚的文本解读；《新约》的伪经，教父和苦修士们的著作；关于索菲亚的礼仪与圣像画方面的材料；等等。精神上的全部多样性的中心是教会；一切都围绕教会，向它聚集，围绕它而被组织起来。对弗洛连斯基而言，作为神秘身体（进入身体后，人才能获得拯救）的教会概念、教会现实是整个宗教经验、宗教自身全部领域的核心。

东正教教会性的这些经验材料，以及将其果断地引入哲学问题里的方针，对哲学而言都是新的和不寻常的。这里发生的是对哲学思考的经验材料领域的极大扩充；作为哲学分析对象的材料的范围拓展了，这个拓展是彻底的、革命性的。而且，这远不只是量上的、形式上的拓展。弗洛连斯基引用的材料在原则上是新的，在那个时期哲学诸流派狭窄和贫乏的经验基础的背景下，在其中（哲学流派）对经验和经验材料的占统治地位的形式主义和认识论化的理解的背景下，弗洛连斯基所引用的材料给人留下清新和自由的精神性的强烈印象，展现了大量未知的资源。它们是教会传统的财富，同时还有重要的哲学意义。用东正教活生生的具体材料的丰富思想，把哲学与宗教生活实践、与教会性果断地接近（而不是与思辨的宗教性接近），或者换种说法，提出并遵循下面的口号："不要对宗教进行哲学思考，而是要在宗教里，沉入它的环境里去进行哲学思考。”[1]——这些都是弗洛连斯基无可争议的贡献。正是其思想的这些性质使得《真理的柱石与确证》的出现成为真正的精神事件，在俄罗斯白银时代的任意一部编年史里，都应该能为它找到位置。

然而，在承认这些贡献后，就会出现下一个问题：弗洛连斯基如何处理自己搜集的这些材料？他是如何把它们引入哲学里的？要知道，只有一个愿望还不能确定哲学的面貌，即希望从一定的经验土壤出发，与这个土壤保持毫不松懈的联系。这种愿望也许使得哲学在某种宽泛的和缺少确定性的意义上成为“现象学哲学”；在这个宽泛的方针里，哲学还可能具有非常不同的形式。显然，未加工的经验材料还不是哲学，在前者（材料）与后者（哲学）之间还有一段距离。那么，应该如何克服，依据哪些原则克服这个距离？只有当哲学现象学的经验能够对这个方法论问题给出（明显的或不明显的）答案时，它才能获得确定的轮廓。在这些方法论的问题上，弗洛连斯基的立场远没

① *Свящ.П.Флоренский.* Вступительное слово перед защитой диссертации. Сергиев Пасад, 1914.С.8.

有那么令人信服。在尝试把东正教经验材料变成哲学形式时，他的思想经历了两个阶段，它们在实质上有明显的差别。《真理的柱石与确证》属于第一阶段，这是其中更早的一个阶段。

在这个阶段，在弗洛连斯基那里，我们实际上还根本看不到任何针对经验材料的哲学方法论。刚刚提到的那个距离几乎完全被忽视：我们会有这样一个印象，作者似乎认为，只要搜集更多的材料，然后按照顺序把它们重新抄写下来，结果就是哲学了。处理经验材料的哲学方法在这里不但没有得到贯彻，而且没有形成；甚至连关于这个方法的必要性的想法都看不到。我们再打开《真理的柱石与确证》后面的几封信，它们令我们赞叹，因为里面包含东正教灵性方面丰富的、活生生的真实材料。我们就立即确信，就实质而言，全部这些材料在这里始终都处在自己原初的形式里，从月课经（Минея）和伪经，到教父传记和教父著作……它们被逐字逐句地搬到《真理的柱石与确证》里。对这些材料的唯一处理方式是一种表面的系统化：材料按照主题分组编制，每个主题通常遵循一定的编排顺序：《圣经》文本及其解释—教父著作—

其他教会文献（圣徒传、教父言行录、礼拜）—最后是现代文献。总之，在应该是哲学讨论的地方出现了经验材料的汇编：从教会经验的各种可能的领域里按照主题做的学生所用的材料选编；对经验内容的哲学分析被材料抄写的编辑工作取代了，这是对材料的一种登记清点工作。正如杰尔茨（Абрам Терц）所说（不是关于弗洛连斯基）："他没有描述生活，取而代之，他搞了一次人口普查……"可以称这样的立场为"幼稚的现象学"，因为它是日常意识所固有的，这样的意识还不懂得经验描述－列表与哲学现象学的"描述"或"观察"之间的区别，在这种"观察"里现实地发生的是研究对象的意义结构的自我呈现。如果再精确一下，那么，可以把这个立场与自然科学意识联系起来，在帕维尔神父（即弗洛连斯基）那里，自然科学意识是非常发达的，他在自己多年的数学和物理学研究之后开始转向对哲学和神学的研究。确实，对自然科学家而言，对经验材料的处理恰好就在于对它们进行整理和系统化——此后的下一个"科学结论"阶段不关他们的事，他们完全不关注对它们（经验材料）的内在转化，把它们转移到另外一个意义领域，这些工作与哲学方法是不可分割的。自然科学方法在弗洛连斯基的第一个大部头著作，即不久前出版的著作《论教会》（1906）里，要比在《真理的柱石与确证》里更加直观地表现出来。《论教会》自始至终都是在对有关教会的定义及其基本性质的各种可能材料进行系统化的选编。

因此，弗洛连斯基创作的这个早期（持续很久的）阶段，尽管有一般的现象学指向，但毕竟还不是真正意义上的哲学现象学，只能被看作“幼稚的”或“自然科学的”现象学。类似的方法论上的不成熟也导致了一些否定的后果。首先，通过这种类型的材料汇编和选编而建立的东正教教会性的一般图景自身可能有一种危险，即成为不准确的、遭到主观歪曲的。因为所有这些汇编和选编，无论弗洛连斯基再怎么扩展它们，显然都不是详尽无遗的，毕竟基督教灵性的整个大厦是根本无法被全部囊括进来的。其次，对哲学反思而言，它们（汇编和选编）太多了，过于庞杂（这里包括大量同一类型的、重复的材料），但是对于材料的完整汇编，它们依然是不够充分的。在编辑这些材料时，选择的因素必然会参与其中，因为在“幼稚的现象学”里，针对这种选择，原则上不存在有充分依据的标准，所以只能根据主观意愿来实现这样的选择。在实践上，这意味着弗洛连斯基所使用的材料的完满性与可靠性只能是虚假的。在这里，教会经验的一系列主题和领域的安排是非常不均衡的：一些主题和领域被强化到首要地位，其他主题和领域则遭到贬低和切割,还有一些主题和领域根本没有出现在这里。只要注意下面一点就够了，在帕维尔神父那里，甚至基督论主题都位于被忽视和遗忘的主题之列，在他那部整个都在研究拯救问题的主要著作里，救主的形象只是作为某种“位于次要地位的不清晰的影子”（弗洛罗夫斯基神父的说法）而出现的。不过，关于弗洛连斯基创作早期的这些特点，人们已经写了很多。

八

然而，弗洛连斯基的形而上学接下来发生了很多变化，上文指出的它的那些特点都发生了很大改变。现在我们感兴趣的只是变化的一个方面。我们依据以前对它的主题和实质做出的分析来考察一下,在这里,俄罗斯哲学过程的那些决定性的因素,即“哲学的酵母”和“东正教的基质”及其相互关系是如何发生变化的。

弗洛连斯基早期创作的“幼稚的现象学”被成功地克服和消除了,取而代之的是高度发达的观点体系,作者自己称之为“具体的形而上学”,它是哲学象征主义的一个变种。整个这个方向的主导原则是:把现象看作象征,后者是在象征这个术语的哲学意义上做理解的。这一点决定了任何一个现象自身都包含一定的本体内容,或者意义,而且该意义与现象的感性材料不可分离,与其外部面貌、“形式”不可分割地融为一体。现象自身不但“包含”一定的意义,而且通过所有的特征和细节来表达该意义。因此,在观察这些特征和细节时,在仔细地研究它们时,人就可以区分它们,根据它们读出现象的意义。在揭示现象的本体方面(它与其现象方面构成不可分割的二位一体)时,换言之,在实现**对现象进行象征的观察行为**时,人可以达到对意义的直观。根据传统,所有这些意义的总体呈现为聚集在一个特殊世界里的意义,这是意义的高级世界,柏拉图的理念世界。对高级世界的直观就是哲学思考的目的。

任何一种哲学象征主义都把深入观察现象及其具体的独特性当作自己的主要原则，要求仔细地和不带成见地观察现象。所以，任何一种哲学象征主义都可以被看作广义的现象学。但这是非常特殊类型的现象学。对经验材料的哲学处理在此就是通过最大限度地深入现象而达到从现象向本体的上升，或者根据维切斯拉夫·伊万诺夫的著名说法，是从实在到最实在（a realibus ad realiora）之路。总之，对现象的哲学描述等同于把现象确定为象征的行为。此外，哲学象征主义具体类型的区分标准是，其中所接受的到底是什么样的象征体系，以及如何利用这些象征的术语来阅读、解释实在。弗洛连斯基的“具体的形而上学”在这里有很多值得注意的特点。但是，现在对我们而言，重要的只有一个：该学说在很大程度上是在东正教宗教性领域里汲取自己的经验材料。和早期阶段一样，东正教的各个领域、主题在帕维尔神父那里还是获得了极其不同的和不均衡的表达。但是，获得详细考察的领域和被忽略的领域现在是按照与《真理的柱石与确证》里有些不同的和非常清晰的规律来配置的。可以理解，对任何象征主义哲学而言，经验材料首先是感性知觉可以认识的材料。在宗教领域，属于这些材料的是崇拜、礼仪、教堂艺术；确实，正是它们构成了具体的形而上学的现象基础，弗洛连斯基的思想经常关注它们，处在它们的范围里。

然而，在自己的完满性里，东正教根本不能被自己的象征元素穷尽。至少可以指出两个类型的内容，不能对它们进行象征主义的解释，任何象征体系都无法包容它们。一个类型是纯粹理论的内容，它（内容）可以用规则和概念彻底地表达出来。这样的内容不是象征性的，而是抽象的，与感性材料没有联系，也不能在感性材料的形式里获得合适的表达。另外一个类型是生存的内容，它表达作为精神－心理世界的整体的人的内在经验和方针。这样的内容不是象征性的，因为它是可变的和不能被客体化的；尽管它可以在感性世界里获得表达，但是，表达与任何获得巩固的静态形式都没有关系，象征应该具有这些形式。在感性方面，象征是完成的、定型的，有不变的形式。与此相反，生存内容表达的是神与人之间个性关系的能－协同的动态进程，属于内在过程的动态进程，该过程无法从外部被控制和预测，在感性表达方面，它将获得越来越新的和不同的形式，它与任何本质的和终极的联系都没有关系。在东正教的总体图景里，这是就其灵性基础和历史形式的完满性而言的东正教，无论是理论元素，还是生存元素，都占有重要位置。显然，理论内容在教义和教理中发挥着最为重要的作用。[①] 至于生存方面，如我们不止一次地强调的那样，整个基督教人学完全由它决定，包括关于人的精神生活和精神道路的观念，关于罪和恩赐，以及祷告和与神交往的观念；对基督教而言，人学非常独特的部分——苦修学，主要就是在生存的视角下获得研究的，苦修学是关于人与神的协作，以及获取圣灵的实践科学。

东正教经验的这两个重要方面实际上完全处在具体的形而上学范围之外。与早期诸阶段相比，这里甚至可以看到一种倒退：在《真理的柱石与确证》时期，对弗洛连斯基而言，哲学经验土壤的主要领域之一是

① 但是，我们指出，东正教意识没有把教义自身看作纯粹理论的内容。为了正确理解教义，某些内在前提被认为是必需的，可以简单地把它们界定为“在教会性(聚和性)精神里的存在”，比如，布尔加科夫在自己的《东正教》里就解释过这个情况。考虑到这些前提，应该把教义理解为一种特殊类型的理论元素与生存元素的联合、结合。

苦修学。现在，这个土壤几乎只是“东正教里的象征的东西”——崇拜、圣像，以及教会的、非思辨的神秘主义的各个领域（死亡的神秘主义，灵性神魂颠倒的神秘主义，“赞颂”的神秘主义）。它们表达经验世界与灵性世界之间、现象世界与本体世界之间交流的途径与方法，该本体世界总体上构成统一的象征存在。作为结论，可以说，如果从方法的方面看，弗洛连斯基的晚期哲学可以被看作完成的“象征主义现象学”；从经验基础的方面看，它只是东正教象征主义的哲学，也就是东正教里的那些象征元素的哲学，主要是东正教崇拜里的象征元素。因此，在对东正教哲学的揭示方面，弗洛连斯基思想所经历的演化的实质是，与自己的早期阶段相比，在彻底地成为“哲学”后，这个思想甚至不那么“东正教”了。

九

可以得出更宽泛的结论。现在，可以明确地判断，卡尔萨文和弗洛连斯基的创作是俄罗斯哲学过程的一个新阶段的萌芽的这一说法，在多大程度上是合理的。

在原初的图式里，我们表述了这个过程的内在任务：一方面，思想向“哲学”深处推进；另一方面，思想向“东正教”深处推进，目的是让“东正教”的意义结构可以在哲学形式里获得完整的，即具体的和完满的揭示和再现。在过程的早期阶段，即“一般宗教的”阶段，再现明显是不完满的，也是不具体的。针对卡尔萨文和弗洛连斯基的学说里出现的新东西，可以这样简单地表达：借助于现象学方针，再现在这里开始获得具体性（严格性和细节），但是，和以前一样，离完满依然很遥远。同时，我们说的不是把这些学说彻底地区分出来，而是把它们相对地区分出来：这两个学说（特别是卡尔萨文的体系）都保留了旧阶段的很多特点，新的现象学趋势也表现在其他作者那里（弗兰克、伊里因、施佩特、洛谢夫）。我们的目的不是把它们（这些学说）与其他学说对立起来，而是捕捉变化的类型，并指出过程的发展方向。

有必要对哲学过程暂时已经达到的两个极限进行对比。如前所述，它们主要的共同特征是对待宗教内容的立场方面，该立场带有一个方针，即具体性和现象主义。这两个极限都选择了宗教内容的一个确定的完整领域，并按照一定方法对其进行“描述”，对所有的细节都给予集中的和严格的关注。对卡尔萨文的哲学而言，教义因此才如此重要，直到教义表述的细节看上去并不那么重要，他又根据普世大公会议决议的希腊原文对它们进行研究。对弗洛连斯基的哲学而言，崇拜才如此重要，直到礼拜程序涉及最微小的细节。在这里，俄罗斯哲学获得了视觉上的敏锐性，以及对自己的经验材料的“精致结构”进行区分和反思的能力。

这两个体系的另外一个共同特征是它们都局限于宗教内容的某一个领域：在卡尔萨文那里，几乎完全是教义的内容；在弗洛连斯基那里，几乎完全是象征的内容。现象基础的单一性导致哲学体系的单一性；对这个基础进行哲学描述的概念和结论的总体自然倾向于统一。相应地，两个学说都具有一元论体系的特征，这样的体系的基础是唯一的形而上学原则。在卡尔萨文的体系里，这样的原则是根植于教义的个性原则，个性是三一体的个性，同时也是一切统一的个性；在弗洛连斯基的体系里，这样的原则是根植于崇拜的象征原则，即现象世界与本体世界之间不可分割的联系和二位一体的原则。

忠实于严格的一元论是哲学的方针，也是两个学说共同的方针；所有原理的统一，以及把所有原理严整地提升到该体系的核心原则，在这两个学说里都获得了有意识的和严格的遵守。但是，这个结果的获得付出了不小的代价。从统一的原则里全面地推导出一切，以此为基础建立的一元论体系的类型根本不符合现象学方法，而是符合抽象建构的旧规范。在我们所考察的情形里，这个类型体系的产生只是因为在这两个学说里出现的仅仅是有缺损的、“遭到破坏的”现象学：如上所述，它们的一元论的直接原因是观察的不完满，以及把现象的基础局限在宗教内容的某个方面或某个类型。更早些时候就有人指出，在卡尔萨文的哲学里，由于对聚和性原则的等级的和集体主义的解释，宗教的存在主义方面被忽视了；在弗洛连斯基那里，则是存在主义的和教义的方面遭到了忽视。因此，卡尔萨文哲学所掌握的宗教内容实质上只是东正教单纯的教义骨架，东正教教义的存在主义前提都被遗忘了，这个骨架作为抽象的逻辑图式被转移到哲学里。在这里，哲学不研究任何与东正教的内在生活及其历史的具体性有关的东西，感觉不到东正教的灵性风格和氛围，其结果是，“作者的东正教与历史的东正教之间的共性非常少”①。很难不认同这个冷淡的评价：我们看到的只有对东正教逻辑的表达，东正教活生生的具体性则是完全缺乏的。在弗洛连斯基那里，正好相反（但是，结果完全是一样的）。在所有方面，从名称开始，他塑造的体系都敌视图式，他热衷于所描述对象的具体细节，这些细节必然是能够被感性知觉所认识的。在这里，获得最精确转达的恰好是东正教神圣建制和崇拜形式的独特性，也就是构成东正教感性面貌的一切。同时，正如我们详细地解释的那样，位于这个具体性背后的精神内容——逻辑、观念的联系，都遭到了非常严重的变形或者被偷换。其中偷换有利于多神教的古希腊罗马象征主义立场，有利于柏拉图主义和新柏拉图主义的神秘精神性。这样，东正教的具体性获得了保留，但是，东正教的逻辑是缺乏的，或者是被歪曲了。

---

① *Florovsky G.V.* L.P.Karsawins Philosophie der Geschichte//Der Russische Gedanke. I Jahrgang. Heft 2,1929. S.222.

因此，我们研究的这两个体系都位于现象学方针的范围内，它们只是有依据成为具体领域里的部分学说：弗洛连斯基的学说包含关于“崇拜现象学”的重要经验，卡尔萨文的学说包含关于“教义现象学”的重要经验。但是，这两个学说都渴望成为全面的、按照一元论原则建立的哲学体系，在这个渴望里，它们已经远远地超出了上文指出的（现象学）范围。一般而言，通过对经验的单一领域的观察获得的观念和原则只能应用于这个领域，如果把它们应用于全部多样化的宗教经验材料，那么，这个应用是没有依据的、“随意的”。这就意味着语词的错合（контаминация），即现象主义与形而上学虚构之间的混淆，新的哲学具体性与旧的随意构造－幻想之间的混淆。这种类型的混合体有特殊的色彩,它们都倾向于特殊的类型学。现象学元素的存在经常导致严谨和专断，因为与以前的形而上学不同，现在，哲学在自己的根源、核心里拥有的不是抽象性，而是具体性，是某种在生活自身里看到的东西，因此，它具有更大的关联性，需要更加严格的保卫。索洛维约夫的体系源自“一切统一的存在者”，作为一个范畴，可以说，后者没有颜色，也没有气味，从来也不能像弗洛连斯基的学说那样有权威地确定自己的原理，因为弗洛连斯基的学说以礼仪的、可以被感觉到的物质性为基础。

俄罗斯思想演化的又一个类型论在这里得以揭示出来。针对一般宗教哲学的体系，甚至当它们在思想上是狭窄的，在自己的全面性上，在对待其他学说的态度上，它们通常也都是学术的和宽容的；甚至具有战斗精神的别尔嘉耶夫也肯定观点的自由和个性的价值。在新阶段出现的是绝对性、规范性和不宽容。这一切迫使我们考察一个更宽泛的题目，那就是关于哲学与自己时代的联系问题。一般宗教阶段各种学说所说的问题，清晰地确定了它们（学说）与战前欧洲和革命前俄罗斯的社会基础和氛围的关系，那是 19 世纪（按照曼德尔施塔姆的说法是“黄金时代”）自由派价值和启蒙人道主义的世界。下一个阶段的类型与下一个时代，战后和革命后的时代之间的相互关系同样也是清晰的。甚至不仅仅是类型的问题。上文描述的方法论上的混合体，或者“遭到破坏的现象学”（而不是胡塞尔和海德格尔的真正现象学，尽管后者也在那个时候发展的！）恰好是二三十年代占主导地位的方法和哲学类型。比如，在生命哲学里不难发现它；更重要的是，该时期的两个占统治地位的流派，即马克思主义和弗洛伊德主义，都属于这个类型。在它们当中可以不费力气地辨认出哲学学说形成的同样的类型特征，同样有缺陷的模式，即某些个别的规律性。也许，这是在自己的位置上被正确发现的规律性，但是，随后立即就被变成绝对，变成解释世界上所有事物和秘密的关键，并被用在完全不同的领域，这些领域实际上并不打算服从这些规律……该哲学类型、思维方式与时代的整个精神氛围的直接联系是毫无疑问的。精神氛围的第一个特点是尖锐的意识形态化。有影响的精神流派具有总体意识形态的形式，以及严格的和富有侵略性的观念图式的形式，这些图式迫使人在所有领域里接受其立场，并觊觎垄断生活与思想中所有基本问题的正确解决方案。这是党派意识或极权主义意识的诱惑，这个意识暂时还没有通过自己的物质成果来揭露自己；与意识形态最近的，可以最轻易地变成意识形态的那种哲学最符合经历该诱惑的时代的精神。但是，“遭到损害的现象学”也拥有这样的性质，因为哲学学说的原初基础越是狭窄、越是部分的（最好是说，完全是偶然的），那么该学说就越容易变成严格的规范体系，对所有其他观点而言都是完全不宽容的体系……

从这些话里还可以得出一个结论，意识形态的种子，与意识形态思维的相似性，在东正教体系里也是存在的。发现这些东西并不难。众所周知，在 20 年代末，卡尔萨文作为思想家公开活动，参加欧亚主义运动，该运动表现出对极权主义公开的偏好。至于弗洛连斯基，在 30 年代初，在巴黎的杂志《路》上发表了一篇神秘的匿名文章《论布洛克》——编辑部通报说，这是一篇“由莫斯科的一位神职人员就布洛克去世十周年所做的报告”；不久前，这篇文章重新发表在《俄罗斯大学生基督教运动通讯》上，这次已经是作为弗洛连斯基的文章发表。看来，应该说作者的身份暂时还不能严格确定。但是现在，这个问题对我们而言并不重要；重要的是，就内容而言，文章完全建立在晚期弗洛连斯基的概念和观念的基础上，处在他的观点的范围内。无论是帕维尔神父自己写的，还是他的追随者写的，总之，在我们面前的是一个鲜明的例子，那就是把他的体系变成严格的意识形态图式。

在这里，一系列果断的、浓缩的提纲提出了一个不可更改的任务：建立“严格的一元论的”意识形态体系，它将成为马克思主义的“反题”，以东正教崇拜为基础，按照规范来评价生命和文化的所有现象。

※※※

下面一点也是很有趣的。在卡尔萨文和弗洛连斯基的学说里，所有共性特征的出现和确定都没有考虑到两个学说惊人的不同。就所有外部标志看，在我们的传统里，很难找到两个更不同的学说，就如同很难找到两个更不同的作者。已经不止一次有人说过，在东正教里，与他们接近的是完全不同的方面，他们学说的基础是完全不同的原则，甚至他们所有的创作主题几乎都是不同的。如果考虑到他们属于同一个时代和同一个传统，那么，这一点尤其令人惊讶。包含死亡形而上学和身体性、身体的形而上学的末世论几乎是唯一的“交点”；当然，主题的发展也是按照完全不同的道路展开的。在他们那里，思想的表达方式，哲学思考的风格和特点也都是根本不同的。卡尔萨文的思想风格是经院哲学，即与决疑法（казуистика）

接壤的精致的逻辑，喜欢复杂的、有诸多分支的推理，喜欢展示“思想螺旋”“思想的花纹和曲折”，如他自己所说的那样。弗洛连斯基的思想风格与视觉活动非常相似——古希腊罗马的神秘－象征的直观，它根本不建立任何推论，而是按照神秘剧的方式让自己开悟，然后再去敏锐地观察。

如果我们看一看创作的个体方面的特点，那么差别就更大了。在两个哲学家的创作方针方面，他们是正好相反的人。弗洛连斯基一贯强调自己勤勉地遵循教会传统，自愿服从教会所有的规则和规范。针对自己的哲学，他只肯定一个目的——为转达教会的学说服务；针对创作的过程，他确定一个方针——彻底排除自我，压制一切个性的、主观的东西。这时，形而上学家只是最高世界形象的中介、媒介和传达者。

相反，卡尔萨文到处都在尽可能地突出自己创作的独立性，愿意强调自己的形而上学与其他学说的区别，但是，对一致性和影响经常保持沉默。他毫不掩饰自己的奢望，用奥利金的书名给自己的著作命名为《论原则》。他努力肯定自己思想的独创性和新意，这就迫使他故意选择大胆的哲学解决方案，采取悖论式的立场，发表与异端接近的论断，有时候甚至与亵渎接近。难怪他给《论原则》这本书附上了意味深长的（带有自满意味的）题词："也许我会说出异端的思想，但是我不会成为异端（Haereticare potero, sed haereticus non ero）。"而在晚期的《论死亡的长诗》里有这样的话，在他死后，"严厉的、满头白发的长老们"拒绝接纳他进天堂，并说"他是冒犯神的人和亵渎神的人"。在这个场景的可怕讽刺里，毕竟也有客观的自我评价的成分……挑战和越轨行为，甚至是炫耀和故作姿态，这些东西都不完全与他格格不入，对社会上的成功的偏爱也是如此。祖博夫（Валентин Зубов）伯爵对他比较了解，在革命年代，和他一起在彼得格勒契卡（肃反委员会）坐牢。据祖博夫回忆，在他们一起坐牢时，卡尔萨文"从不同的女士那里获得精美的包裹，这样的女士很多，都非常赏识他……"这些特征呈现出他与弗洛连斯基面貌之间的巨大反差。在弗洛连斯基身上，最典型的也许是稳重的谦卑——理性面对信仰的谦卑，心灵面对虔敬信仰的教规的谦卑，以及整个人面对教会的谦卑。在我们面前的是两个最不同的人物——他们有不同的宗教性，不同的创造追求。他们在个性类型上是完全相反的：一个在最大限度上是世俗类型的，另一个就自己的实质而言是修道类型的。

与所有这些区别对立的，最终比这些区别更强大的东西，用一个普通词来说，就是时间。所有能够敏感地听到时代召唤，并有能力听从这个召唤的人，都将获得命运的共性，它(命运)已经丝毫不依赖于他们。布洛克说："谁听清楚了，他就不能不顺从。"我们亲眼看到，共同的时代，对俄罗斯道路和俄罗斯思想道路的共同的忠诚有力地把两位听清楚的人拉近了，在他们的创造里，在他们的命运里，引起了深刻的一致，这些一致比他们之间的所有差别都更大、更重要。在这些具有丰富意义的一致里，还有一个一致：弗洛连斯基和列夫·卡尔萨文都死在了斯大林的集中营。死亡用最后的和牢不可破的纽带巩固了他们与自己时代以及自己国家的联系，在这个死亡里，命运甚至在地理上把他俩拉近了。他俩都死于北方的集中营。

十

该返回本文的开头了。我们的简要考察和哲学过程的“内部模型”（第一节）一起提供了一种可能，即回答传统的命运问题，不是凭自己的兴趣和理解来回答，而是在朴素的理论基础上来回答。如果把传统所获得的成果和结论与它的精神任务对比，把所取得的成就与所追求的东西对比，那么，我们只能得出一个结论：无论任务完成得如何以及目的达到与否，无论什么样的内在的完成，根本都无从谈起。更准确地说，应该在起点盘点传统的工作，而不是在终点。从我们对这个工作的考察里可以获得两个有巨大反差的印象——同步的贫乏和丰富，即确定的和无可争议的东西取得的太少，有天赋的、可以期望的、刚开始认真思考的东西太多了。传统“自然死亡”的其他可能的原因显然是没有的，如力量的匮乏、内在的枯竭，后者将妨碍它（传统）向自己的目的推进。现实的图景与枯竭是完全对立的，那是哲学的空前觉醒和积极性。索洛维约夫开启的一切统一形而上学在耗尽了自己之后，走向道路的终点，但是，没有丝毫的依据认为，它的终结就是俄罗斯思想的终结，或者哪怕是俄罗斯思想的严重危机。未来的种子已经发芽，未来的前景已经呈现出来。

一切统一形而上学的终结也意味着俄罗斯宗教思想的一个属性的终止，即它曾经几乎是彻底地属于基督教柏拉图主义的分支。在本文第四节里，我们已经说过，东正教经验的哪些重要领域完全或者大部分没有被这个分支包括进来。首先是灵性实践（灵修）的领域，东正教苦修学，在这里，在几百年的时间里，制定和培养了基督教对人以及人是使命和实现这个使命的途径的看法。这个宽泛领域的核心是静修主义或神圣缄默的灵性传统，从古代起，它就在拜占庭的修道生活里，然后在俄罗斯的修道生活里发展。该传统首先包含一个确定的方法，即内心祷告（внутренняя молитва）或者是“理智”祷告（умная молитва）的方法，同时，该传统的影响渗透到东正教灵性的诸多宽泛领域，在很大程度上形成了东正教世界观的结构及其深刻的特点。它早就深入俄罗斯的灵性生活，表现在它对圣谢尔基・拉多涅日斯基和圣安德烈・鲁布廖夫的影响是公认的；还有一些重要的历史篇章也属于这个传统，有时候是对它的补充，比如圣谢拉菲姆的光的神秘主义、《一个漂泊者的开诚布公的故事》的民间神秘主义等，还有很多，一直到我们今天，比如阿峰山的西卢安（Силуан Афонский）的修行，以及都主教安东尼·苏罗日斯基（Антоний Сурожский）关于祷告的学说。在14世纪拜占庭静修主义大争论时期，传统在圣格里高利·帕拉马（св. Григорий Палама，14世纪）的著作里获得了神学上的定型，这些著作发展了在世界上发挥作用的神的能的学说，以及宗教生活实质的学说，这一实质就是与神的“能的结合”。毫无疑问，认识东正教立场及其全部人学问题和存在主义问题的途径只能通过掌握和发展帕拉马的这份遗产。

俄罗斯思想自己发展的全部逻辑必然且毫不动摇地向这个工作推进。在俄罗斯宗教哲学存在于俄国的最后几年里，我们的这两位作者已经开始闪现个别思想、个别意见，它们涉及东正教能的神学；无疑，这个问题很快就会被提到日程上来。此外，它（问题）已经非常成熟，以至于不顾当时发生的事件，还是被提出来了，尽管不是在俄罗斯，而是在侨民中间，也不是在哲学层面，而是在神学层面。随着瓦西里·克里沃舍因（Василий Кривошеин）神父（他当时是阿峰山的一名修士）的著作于1936年出版，在俄罗斯侨民中间开始了对静修主义和帕拉马主义(Паламизм)的历史和神学方面的深刻研究，其成果逐渐地构成静修主义传统严肃的现代接受。这种接受的存在在今天为哲学任务的提出，以及为俄罗斯宗教哲学恢复自己被中断的工作制造了所有的前提。

这个工作的一个方向与现代性的灵性探索相呼应。离开近代欧洲哲学思维的传统方式，探索与之对立的思维方式早就开始了，而且依然是哲学发展的主题。我们已经指出，在俄罗斯思想的运动里，它(思想)离开自己的一般宗教哲学阶段，与欧洲的那个离开的运动有相近的地方，也拥有其对具体性和现象主义的向往。随着向“东正教唯能论”的新阶段的推进，这些联系和一致性获得深化。洛斯基曾经指出海德格尔的基础本体论与帕拉马神学之间存在很多相似之处。东正教神秘主义和苦修学的力量培养的思维方式未必可以被称为是现代的；对真正的神秘主义传统而言，这个修饰语只能是侮辱性的。但是，这种思维方式有很多特点，它们是现代性所寻找的和它所需要的。正如约翰·梅延多夫（Иоанн Мейендорф）神父在结束自己关于圣格里高利的重要著作时指出的那样，东正教自古以来就有的思维方式包含了“对近代向基督教提出的挑战的建设性回应”。这种思维方式最终需要在哲学里表达自己——这个任务就位于现代性的精神需求与我们哲学传统的创造性延续问题之间的交叉点上。我们表达一个希望，即通过对这个问题的解决，可以为俄罗斯思想找到新的富有成效的生命，实现所期望的复兴（пакибытие）。

新教父综合与俄罗斯哲学

有两个领域始终位于格奥尔基·弗洛罗夫斯基神父创作活动的中心：俄罗斯思想和东正教神学。人们单独和孤立地研究其创作的这两个相应领域，把它们看作相互之间没有或几乎没有关系的领域，这已经形成了一个传统。不久前，在美国出版了一本研究格奥尔基神父生平与创作的重要著作。[①] 这是一部非常不错的、严肃的著作，然而，前述两个领域的分离趋势在这里是非常明显的："俄罗斯的"主题和"神学的"主题分别在该书的两个部分里获得研究，这两个部分

---

① Georges Florovsky.*Russian Intellectual and Orthodox Churchman*. Ed. by A. B1ane. St. Vladimir's Seminary Press, Crestwood, N. Y., 1993.

分别由不同的作者撰写，它们几乎是被机械地联合在一个封面之下。当然，这种分离是有依据的。格奥尔基神父在发展自己的神学和教会论思想时，通常并不太关注这些思想如何用于俄罗斯宗教性和文化的具体语境。初看起来，这些观念中的一个主要的和最一般的观念，即新教父综合观念是例外：在《俄罗斯神学之路》这本著作里，作者非常一贯地将其用于俄罗斯思想史。[①] 但是，很容易确信，这个应用几乎只包含两个方面：希腊教父学；“教父风格”是俄罗斯思想里各种现象和阶段的评价尺度，也是能够指明未来文化创造唯一富有成效的道路的口号和号召（主要是在结语部分）。我们认为，这是不够的。新教父综合与其说是口号或评价尺度，不如说是内容丰富的神学和文化史的立场。从这个立场严肃地出发来研究俄罗斯思想发展的道路和任务，就意味着，首先要理解在俄罗斯乃至全世界现有的精神处境里，“恢复教父风格”是什么意思。这就是我们面临的任务。下面，我将结合俄罗斯哲学的发展这样一个主题，尝试简单和初步

---

① *Флоровский Г. В.*Пути русского богословия. Париж, 1983.

地勾勒出解决这个任务的途径。

一、学　派

格奥尔基神父经常在与西方神学和哲学传统的对比（和对立）里界定教父和新教父的类型和思想风格。所以，我们先大致勾勒出一条哲学史线索，它将为我们描绘俄罗斯哲学在不同阶段与西方传统的关系。针对这条线索，我们使用思想史上的“学派”和“传统”概念是很方便的。我们将对这两个概念做出一定的区分。

和其他主要方面一样，老斯拉夫派这个阶段是序幕。在这里，俄罗斯自我意识首次得出一个结论：在自己的精神土壤上建立自己的哲学的“可能性和必要性”。然而，建立自身尚未发生。非常明显，所期盼的俄罗斯哲学的任务和目的不是从外边借来的，而是自己的，是从民族存在的精神经验中产生出来的。但是，这个未来的哲学与西方哲学思想之间关系的精确特征还不确定、不清楚。对建立俄罗斯哲学的任务进行思考，是伊万·基列耶夫斯基的事业。关于这个问题，我们在他那里能够找到与其说是非常清晰的答案，不如说是相互冲突的趋势。一方面，他关于哲学、哲学的现代处境以及发展道路的那些观念处在谢林的巨大影响之下，局限于谢林的概念和观念的范围之内。这一点体现在他所想象的俄罗斯哲学的面貌里。不久前，一篇细致的研究论文得出了一个结论："基列耶夫斯基企图把纯粹理性的科学，其顶峰是谢林的'否定的'体系，纳入'肯定的'，因此是未来的俄罗斯哲学里。"[①]但是，另一方面，在所期盼的哲学基础里，基列耶夫斯基果断地把主要作用赋予东方教会教父的遗产，并同样果断地断定，教父们的思想类型，他们对待理性、人、精神生活的立场与西方思维范式有深刻的差别。在这里，他是新教父综合观念直接的和无可争议的先驱。在基列耶夫斯基思想的后期出现了一些迹象，它们暗示了另外一种哲学思考的方法和道路，现在，"他与谢林的距离是非常大的，甚至是原则性的……他似

---

① *Мюллер Э. И. В.* Киреевский и немецкая философия // Вопросы Философии. № 5,1993.С.128.

乎是建议完全离开晚期唯心主义哲学”[1]。霍米雅科夫更不倾向于让俄罗斯的哲学规划服从西方的道路，但是，和基列耶夫斯基一样，在他那里也没有相对于西方道路的建设性对立物。规划始终没有在实质上勾勒出来。针对西方哲学，俄罗斯哲学应该是什么？答案还没有找到，选择也没有做出。

做选择的任务落在了索洛维约夫的肩上。在他的著作里，俄罗斯宗教哲学不再是将各种初步尝试拼凑的集合，而是首次成为完全符合要求的哲学学说。索洛维约夫的思想有其继承者，因此，这个哲学很快就成长为一个完整的流派，也就是今天众所周知的一切统一形而上学。对索洛维约夫的哲学，以及对其后的整个流派而言，这个哲学针对西方思想的地位已经非常确定了。我打算这样来描绘这个地位：**俄罗斯宗教哲学自我确定为欧洲古典哲学传统中的一个新学派**。必须更加详细地解释和论证这个重要说法，因为它能够决定在欧洲语境下产生的哲学的地位。

---

① *Мюллер Э. И. В.* Киреевский и немецкая философия // Вопросы Философии. № 5,1993.С.128.

首先，我们要明确思想史上“学派”和“传统”这两个范畴之间的联系。“传统”是一个更宽泛的范畴。在一个传统内部，可以有选择，有许多不同的学派，这个看法是自然的。那么，是什么东西联结了这些学派，构成了传统的共同的和统一的基础呢？简单地说，这个基础由这样一些最一般的观念构成：关于存在，关于思维，关于话语的组织，以及关于神学和（或）哲学的言说的组织。现在对我们而言，最重要的是第一个观念。除了对待神学和（或）哲学以及它们的本质、任务、结构的一般的、只包含主要路线和特征的观点，传统的基础（база）还包括一定的本体论基础（основа），指出这一点是很重要的。这里说的不是本体论的细节（这些细节在一个传统内部可以是非常不同的），而是**本体论的类型**，它的最低限度的骨架，以及位于本体论根源里为数不多的关于存在和实在的深刻直觉。这个类型属于非常普遍的哲学史范畴：这确实是传统的“不变量”，是参与到这个传统之中的所有学派的共同属性。

其次，我们要明确，如何理解“西方古典的神学－哲学传统”。我们把基督教时代的欧洲思想运动的整个主线都纳入这个传统里：从教父学开始，经过经院哲学,到思想的世俗化以及近代欧洲古典哲学的形成，在这个形成过程中，主要的路标是笛卡尔、莱布尼兹和德国唯心主义。什么样的本体论基础能够与这个传统联系在一起呢？这个基础是由教父学的先驱们首先建立的，然后是4世纪的教父们，在根源上，这个基础仍然是普遍的、基督教的，对东方和西方来说是共同的。但是，在第4世纪和第5世纪之交已经形成了一个特殊的、西方版的教父学或教父学分支，正是这个版本的教父学为后来西方思想的本体论基础提供了原始根基。这个分支的奠基人就是圣奥古斯丁。在他的著作之后，在西方基督教的本体论观念里，构成基本元素的不仅仅是教父学，而是实质上经历了奥古斯丁的教父学，是经过奥古斯丁加工的，奥古斯丁版的教父学（这个教父学也包括他在几乎所有部分和主题上的重要的新贡献）。在“奥古斯丁版”的特点里，应该指出其强化的（新）柏拉图主义成分，这个成分体现在奥古斯丁版的教父学的所有基本概念里，比如奥古斯丁关于恩赐和预定的理论，关于自由、恶和罪的理论等。“奥古斯丁哲学思考的结果是对基督教启示的柏拉图式的理解。”[①]

后来对这个本体论基础的贡献都是非常重要的，但就我们的目的而言，只要对它们做出非常简单的说明就够了。最重要的是，可以把这些贡献看作一些仍然保留着共同的本体论类型的变化，这个类型的主要特征是包含两个存在范围的本体论分裂模式，以及基本范畴和关系的本质（实体）的特征。重要的还有（对奥古斯丁版教父学本体论基础做出贡献的）两个主要阶段，即经院哲学（托马斯主义）和德国古典唯心主义，尽管它们之间有重大差别，但就我们的主题而言，即“从东方的观点看”，还是可以把它们看作在一个方向上展开的。这个方向接受并强化了“奥古斯丁版”所特有的那些趋势。在这里，越来越清楚和明确地突出出来、独立出来，并被放在首要位置的是理性和抽象思维的原则（这个特点在奥古斯丁那里受到存在主义动机和对完整个性的发达直觉的制约）。整个思辨在更大程度上与前基督教的古代思想结合起来，在纯

① *Жильсон Э.* Разум и Откровение в Средние Века // Богословие в культуре Средневековья. Киев, 1992. С.16.

粹的形式下强化了古代的思想和立场，拒绝让它们经历基督教教义这个中介，或者换言之，拒绝把它们转移到基督教话语里，教父学始终坚定地认为这个工作是必要的。

就自己的一般类型而言，索洛维约夫的哲学以及以后的整个白银时代的俄罗斯哲学，完全可以容纳在上文勾勒出来的传统框架之内，这几乎不需要证明。俄罗斯哲学从该传统里接受了方法论前提，这些前提决定着进行哲学思考的意思、如何建立哲学推理，它还接受了该传统的范畴体系，还有本体论类型和本体论的骨架，这一点是非常重要的。俄罗斯哲学与德国哲学这个分支的联系最为密切，受到其大量的和不同的影响。[①] 相反，经院哲学对俄罗斯哲学没有明显的贡献。与此同时，俄罗斯哲学不能被纳入西方思想的任何一个具体流派里。从一开始，它就是作为一个独立的、完全是单独的现象产生的。导致它产生的那些原因根本不是职业哲学家的出现，大部分职业哲学家

---

① 试比较卡尔萨文的评价："所有确实为俄罗斯哲学专家们所创造的东西都应该被公正地纳入欧洲思想，主要是德国思想的历史之中。"（Философия и ВКП // Евразия. № 20. 6.04.1929.）

总是可以被归入现成分支里。(俄罗斯哲学产生的)主要动机是渴望在哲学层面上表达自己真正的精神经验——个体存在和民族存在的经验，以及俄罗斯的灵魂与心智、宗教和文化的经验。所以，俄罗斯哲学有自己的任务和哲学思考的资源，有自己的一组主题和观念。所有这一切就是把纳入俄罗斯哲学里的经验和学说联结起来的共同因素，同时，它们也把俄罗斯哲学与西方传统的其他组成部分区别开来。与上文提到的那些借用来的因素相比，这些因素就自己的分量和特征而言之所以重要，恰好是因为俄罗斯哲学的最终地位符合我们提出的那个说法，即（西方）传统框架下的一个独立学派的地位。

然而，这个地位引起了一些问题。它完全有可能先天地在自身中包含内在的矛盾：如果新学派的任务和目的是独立的，不是从传统那里获得的，那么，根本不能排除这样一种可能，即它们与传统不一致，不可能在这个传统的框架下获得实现。在西方古典传统的框架下是否可能表达俄罗斯哲学从其中产生的那个经验和那些精神原则？这个问题在理论上并没有获得太多的思考，答案与其说是由推理给出的，不如说是由生活自身给出的，是由俄罗斯思想的实际历史存在进程给出的。今天，这个答案对我们而言已经非常清楚了。它不是完全肯定的或否定的。俄罗斯思想的任务在西方传统框架下是可以实现的，但只是在一定程度上，在一定阶段之前。在传统的基础和这些任务之间有某种现实的共性，共同的土壤。如果说从索洛维约夫开始，加入传统是已经得到解决的问题，那么对俄罗斯思想而言，最佳战略显然就是摸索到这个共同的土壤，最大限度地实现它所提供的潜能。

在宗教哲学复兴时代，俄罗斯哲学就是这样发展的。包含在俄罗斯哲学根源里的东正教世界观直觉与西方古典传统的本体论基础在一切统一的哲学学说里相遇并获得一致。它们的接近，它们共同的土壤首先就在这里；这是一片非常宽泛而丰厚的土壤。在欧洲哲学里，一切统一形而上学自古以来就存在，它在古希腊就产生了。正如洛谢夫在自己的著作里详尽地展示的那样，一切统一是整个古代世界观的一个关键的观念和主题。普罗提诺公开地将其引入哲学范畴里。在新柏拉图主义那里，一切统一获得了深刻的哲学研究，然后，伪狄奥尼修斯将它与柏拉图主义的许多其他观念一起转移到基督教神学。不过，在这里，一切统一观念的萌芽以前就有了，比如在使徒保罗关于教会的学说里。教父学时代之后，一切统一的主题伴随着西方古典传统的所有阶段，在爱留根纳、库萨的尼古拉、莱布尼兹那里获得发展，被用在许多神秘主义学说里，并在谢林和黑格尔那里得以完成。但是，这个主题与俄罗斯文化，与俄罗斯东正教精神性同样，也是接近的和一致的。一切统一非常适合于在哲学上表达俄罗斯文化的理想和价值。俄罗斯心智的一个动机就是拒绝分散、分裂、分离（无论是在世界上，还是在社会里，或者是在人的灵魂里），追求完整性、联系性和统一性。不久前，弗洛连斯基就曾提醒过，我们可以认为，正是这个动机引导了圣谢尔基·拉多涅日斯基的活动，并体现在圣安德烈·鲁布廖夫的画作《三位一体》里。作为多的完善统一的原则，一切统一理想地实现了这个动机。与此密切相关的还有另外一个具有伦理和道德本质的动机：存在的秩序，存在的和谐、协调和一致性。这似乎是古希腊完美理想（калокагатия）的俄罗斯的和基督教的变体；这个完美理想在一切统一里也得以体现。最后，同样是非常古老的，对俄罗斯意识而言非常重要的聚和性动机也有宗教的和社会的内容，以最直接的方式与一切统一相连，并在其中找到自己的哲学基础。[1]所以，当索洛维约夫在俄罗斯第一次尝试建立哲学体系时，他就把一切统一作为这个尝试的基础。这是自然的和天然的，而且立刻就被人们接受了。在 20 世纪初的一段不长的时间里，出现了一系列重要的哲学学说——弗洛连斯基、布尔加科夫、叶·特鲁别茨科伊、洛斯基、弗兰克的体系，它们一起构成在俄罗斯建立的第一个哲学流派。这个流派就是俄罗斯的一切统一形而上学。和整个欧洲的一切统一哲学一起，它（俄罗斯的一切统一形而上学）也处在柏拉图主义的轨道上，就本体论类型而言，也是万有在神论（панентеизм），根据这个立场，世界及其中的现象都拥有处在神之中的本质。

因此，在一切统一里可以找到西方哲学与俄罗斯东正教这两个世界相遇和交会之点。可以说，这是索洛维约夫的阿基米德式的发现——这个支点一下子就

① *Хоружий С. С.* Хомяков и принцип соборности // После перерыва.Пути русской философии.СПб: Издательство «Алетейя», 1994.

帮助他把俄罗斯思想提高到哲学的视域内。这个支点找得非常准确，一切统一形而上学的成果至今还是俄罗斯哲学的主要内容。但我们现在不打算研究这些成果，我们的目的是追踪和理解（俄罗斯哲学在此）之后的道路。一切统一范式在俄罗斯思想面前展现的哲学发展的可能性非常巨大；但是，在白银时代，哲学过程（和民族存在里的其他过程一样）以前所未有的紧张感和加速度获得展开——很快，到了革命时期，这些可能性开始显示出自己的局限性。这一情况在时间上与俄罗斯的灾难一致，这就妨碍了对这个情况产生的全部原因和意义的理解。尽管一切统一形而上学取得了许多成就，但是，就自己的实质部分而言，俄罗斯东正教精神性在其中并没有获得表达，这一点毕竟是清楚的。这个实质部分首先包括东正教的人学，关于人及其与神的联系的观念。这里有东正教神秘主义和苦修主义的古典主题，对俄罗斯意识而言，它们自古以来就是重要的和有影响的：关于人的本质的可变性，关于与欲望的紧张斗争，关于灵魂的重建以及恩赐的神化。所有这些主题也都是广泛而丰富的，无法被一切统一形而上学所容纳，无法用它的概念来表达，因此脱离了它的各类体系。

此外，进入欧洲轨道也只是部分地被实现了。在俄罗斯思想的根源与西方传统的范围之间缺少和谐、彻底的一致，这一点是明显的，是被清楚地意识到的事实。在进入传统的范围成为其中的一个学派后，俄罗斯哲学从来也没有成为和其他学派完全一样的学派；在俄罗斯哲学与传统的关系中总是有勉强、紧张、冲突的成分。在俄罗斯哲学家们那里，始终贯穿着一条红线，这就是对西方传统的批判和带有批判性的一系列研究。整个西方传统所固有的类的特征遭到批判，比如认识论主义倾向、抽象思辨体系的倾向、严格片面的体系化倾向等。个别流派也遭到批判，甚至产生了一个特殊的规则，即这些流派在不长的时间里成为时髦的，但很快就会遭到毁灭性的批判。这被称为“克服”。马克思、康德、尼采等都被克服了。这里形成了一种内在批判的方针；俄罗斯哲学被纳入欧洲思想之中，但它同时变成一种对欧洲思想的批判的修正，成为**欧洲哲学的自我批判**。这大概是个不无益处的角色，但是，俄罗斯思想的肯定任务，自己的和独立的任务在其中没有能够获得实现。正如弗洛罗夫斯基所说："东正教神学的使命与其说是用揭露来对抗西方基督教，不如说是用**见证**，用**东正教的真理**与之对抗。"[①]（黑体字为原作者所加）关于哲学，我们也可以这样说，只需要对这个说法进行必要的变通即可。但是，为了做出见证，就需要非凡的努力，这里需要的还是基列耶夫斯基所期盼的那些"哲学的新原则"，索洛维约夫依然没有获得这些原则，这一点已经弄清楚了。

俄罗斯哲学把赞名派（Имяславие）纳入自己的问题域，这时，它离对这些原则的探索最近：对神的名特殊的和非凡的崇拜。这个崇拜形成于修道院的个别圈子里，其中有阿峰山和高加索等地区。1912—1913年，因为有人尝试对这个崇拜进行论证和公开宣传，对神的名的崇拜引起了一场尖锐的教会冲突，即著名的"阿峰山混乱"。赞名派是一个深刻的理论题目，同时它直接来自宗教实践，来自东正教神秘主义传统的古老基地。这个情况立即引起一批俄罗斯哲学家们的强烈兴

---

① *Флоровский Г. В.* Пути русского богословия. Париж, 1983. С.513.

趣和对赞名派的信任。布尔加科夫、弗洛连斯基、埃恩、洛谢夫成了这场运动的拥护者，并认真地对其基础进行神学和哲学的分析。所有这些人的观点在以下这点上是一致的：对赞名派的论证应该在关于神的能的学说里寻找，该学说在圣格里高利·帕拉马的神学里获得了发展。这个学说实现了整个东方教父学的综合，它同时也是对静修主义苦修生活的神学表达，但它根本不能被归到一切统一形而上学的轨道上（不过，这个学说以前根本没有获得哲学研究）。该学说的概念和论断是新的，这样就提出一个问题，即借助它们来扩展俄罗斯哲学以前的基础。在布尔什维克统治下的俄罗斯，这个哲学工作只是部分地完成了，其全部结果被长期隐藏着。但是，这一情况甚至意外地发挥了某种积极的作用，因为静修主义和帕拉马主义所带来的新的和重要的东西不能作为对一切统一形而上学的简单补充（同样也不能为赞名派提供证明）而进入俄罗斯哲学。俄罗斯思想的进一步推进所要求的与其说是对（以前的）这个基础的补充，不如说是对它的放弃。也许，哲学过程外部的、强迫的中断按照自己的方式使得放弃以前被很好地铺设的道路变得容易了。

二、转　折

在民族灾难之后，放弃俄罗斯思想以前的发展轨道在从此开始分裂的文化的两个分支上发生。在祖国，这个放弃走向了虚无；在国外的流亡圈子里，（思想）生活在继续，这不仅仅是放弃，也不是立即的放弃，这个放弃还需要一代人的距离。以前就得以展开自我创造的那些重要的哲学家们继续加工一切统一形而上学。也未必可能有另外的情况；所有这些哲学家们无疑都是重要的和卓越的，但是，他们实际上没有继承人，这个事实充分说明变革已经成熟。远没有耗尽的精神创造力量开始在另外一条路上寻找自己的表达。一切统一形而上学的著名代表、直觉主义体系的作者（尼·洛斯基）的儿子弗·洛斯基最先开始铺设这条道路，可以认为这一点具有象征意义。一切统一形而上学只想按照柏拉图主义的方式（在所有的意义上）纳入自身之中的一切，在这里都被立即置于中心位置：东正教内在经验的诸多主题，神秘苦修的人学。

思想向这些主题的转折成了一个带有深远后果的事件。在莫斯科人对赞名派的保卫里，转折已经开始显现。与这个保卫不同，现在，转折根本不打算保留一切统一形而上学的基础。它摆脱了与一切统一形而上学的所有联系，不仅如此，它还根本不把自己与任何哲学联系在一起，没有把自己看作哲学运动。它（转折）把东正教神秘生活和苦修生活的直接经验作为主要的对象；只有当理论内容直接把自己与这个经验联系在一起时，它才将其看作自己的对象。换言之，这里关注的中心是静修主义和帕拉马主义，精神实践（灵修）和神学，它们自古以来就把东正教的阿峰山作为自己的基地。阿峰山修士瓦西里·克里沃舍因的著作《圣格里高利·帕拉马苦修和神学的学说》（1936）成了第一部表达业已开始的转折的重要文本，这完全不是偶然的。

这对俄罗斯哲学之路意味着什么？直接的哲学工作暂时退居次要地位，停止了。对理论思想发展的习惯线索而言，向苦修和神学问题的转折是倒退。但是，如果在这里只看到向后的运动，那么，这是极其错误的和仓促的。这里发生的是对历史视野的实质性的深化，是对俄罗斯思想新的联系、基础和根源的发现。我们的宗教哲学复兴有许多优点，但是，它不能夸耀自己的历史反思和哲学史反思的深度。在这里，俄罗斯哲学在追溯自己的根源时，未必能够超过索洛维约夫、斯拉夫派、恰达耶夫，也许还有俄罗斯的谢林派和共济会员。俄罗斯哲学的文化史和哲学史语境几乎完全是由西方影响构成的。现在，这个语境改变了，而且是彻底地改变了。与俄罗斯思想比较接近的，对它而言是重要的，为其产生和任务带来贡献的，完全是另外一些现象，这就是东正教精神性的古老因素和成果。从表面上看，倒退的转折实则充满了深刻的意义：这是向根源的返回，是对这些根源的发现和思考。

不久前，思想的这种转折和返回（其中包含向自己根源的新的深化）成为一个特殊的哲学史概念，这就是海德格尔提出的转折（кehre）概念。他认为，转折是可以成为前进的前提的一种返回，它是获得质的新增长所必需的："被称为转折的是这样的地方，在这里，蜿蜒的山路几乎向后转，以便悄悄接近山口。"① 但是，很容易看到，弗洛罗夫斯基的"新教

---

① *Бибихин В.В.* Дело Хайдеггера // *Хайдеггер М.* Время и бытие. Москва: Республика, 1993.С.6.

父综合”概念与其有非常接近的意义。这里也在肯定，思想前进的道路要求向根源返回和转向，要求与根源保持活生生的联系，使自己与根源一致，把根源当作永不过时的典范、定向标和尺度，这是创造性的思想存在的唯一富有成效的战略。在这两个观念里，**根源**的永恒作用被认为是与格奥尔基神父所喜爱的里昂的伊里耐乌（Ириней Лионский）的说法一致，即“可以使……年轻、更新的遗产（depositum iuvenescens）”，同样也与海德格尔的词源学考察一致：始源（'αρχη）来自“始源在主导着（αρχεϊν）”一词。[①]

然而，海德格尔和弗洛罗夫斯基不但谈论向**根源**

① 这里有一个重要的共同点：海德格尔和弗洛罗夫斯基都是非常鲜明地表现出来的“始源”或者“考古学”类型的思想家，他们肯定这样一个原则，即经常用某种**始源**或**根源**来检验思想。在分析这种思想类型时，保罗·里克尔（Поль Рикер）指出其与看来是相反的目的论类型之间的内在联系，即现象不是通过始源来思考，而是通过目的（τέλος）来思考。他发现了“考古学和目的论的辩证法”，根据这个辩证法，第一个原则能够引起第二个原则（см. Рикёр П.,1995: 250,270 сл.）。追踪这条线索，尝试解释海德格尔或弗洛罗夫斯基思想中的目的论，这将是很有意思的，因为一般认为目的论根本不是他们所特有的。

的返回以及与**根源**的联系，而且都肯定一个确定的**根源**。他们之间在这里发生了根本的分歧，因为这两个根源是不同的（尽管两个根源都在希腊思想里）。对海德格尔来说，**根源**是前基督教的，甚至主要是前苏格拉底的希腊思想；在格奥尔基神父看来，这个**根源**是希腊教父学，或者是“基督教的希腊主义”，是“教会化的”“经过改造的”希腊主义。这个分歧是可以被解释和消除的，因为海德格尔说的是哲学的根源，而弗洛罗夫斯基说的是神学的根源。然而，这样的答案尽管不是没有根据的，但看上去毕竟是不充分的。这两位作者赋予自己关于根源的论点不是有限的方法论意义，而是普遍的本体论意义，这个意义所指的不是某个学科进步的规律性，而是存在与思想的处境自身。海德格尔认为，转折是“向存在的返回”，甚至不仅仅是思想获得思考的立场，而是获得特殊的思考视域（горизонт），获得“从那里进行思考的位置”[1]，

① *Хайдеггер М.* Письмо о гуманизме // Время и бытие.Статьи и выступления.Москва:Республика, 1993.С.200.

“存在实质之光与它一同闪耀”[1]，因此，思想能够达到“发现遮蔽的东西”，这在海德格尔那里就是**真理**（'aλήθεϊα）自身，“在希腊哲学的根源之处，真理在统治着”[2]。然而，对弗洛罗夫斯基来说，思想走向**真理**的道路只能通过对**真理**的见证。正如**真理**是个性的（因为基督是**真理**），对**真理**的见证也应该是活生生的和个性的，是由见证人提供的。**真理**的见证者不是别人，就是教会的教父们。因此，转向根源必然是转向教父：新教父综合，获得“教父的精神”，进入“教父的理性”。“教父们的学说是基督教存在的永恒范畴，是永恒的尺度和决定性的标准。”[3]因此，“更新与恢复基督教希腊主义永远是现实的……是所有思想家们

① *Хайдеггер М.* Поворот // Время и бытие.Статьи и выступления. Москва:Республика, 1993.С.256.

② *Хайдеггер М.* Гегель и греки // Время и бытие.Статьи и выступления. Москва:Республика, 1993.С.387.

③ Florovsky G. V., “St. Gregory Palamas and the Tradition of the Fathers”, *Coll. Works*, vol. 1, Belmont, MA, 1972.P.107.

的定向标，而不仅仅是神学家们的定向标”[①]。

海德格尔的立场是对希腊的**根源**绝对化，弗洛罗夫斯基的立场是对改变了的希腊的、教父的**根源**绝对化。它们都诉诸**真理**。把这两个**根源**看作相互排斥的、对立的，而不是相容的，因为它们孕育两个不同的经验和话语的领域，这样是不是更正确些呢？可以认为，这两位思想家会肯定地回答这个问题。然而，这里毕竟还有许多东西是不清楚的，也没那么简单。这个问题很重要，它涉及非常普遍的主题，或者说，涉及各种主题的全部症结。这个症结通常由“基督教与哲学”这个说法来表达，大概可以归结为这样一个问题：“基督事件”和“基督的规范”自身是否包含这样一个东西，它能够（可以通过替换、补充或者消除的途径）改变哲学思考自身的方针和基础？在思考这个症结的时候，除了哲学与神学的差别，还应该看到，无论是返回，还是**根源**，以及一般而言的基督教存在的全部事件和维度，都是个性的和对话性的，都属于存在－

① Williams G. H. The neo-patristic synthesis of Georges Florovsky // *Georges Florovsky. Russian Intellectual and Orthodox Churchman.* P. 292.

交往领域的最基本要素。这个看法同样重要，甚至是更重要的。“一般而言，如果基督教形而上学有其存在的位置，那么，它应该是个性的形而上学。”①

然而，我们返回具体的转折，也就是发生在流亡的俄罗斯思想里的那个转折。显然，这是“按照弗洛罗夫斯基的方式发生的转折”，是向教父学根源的转折，其注意力主要针对这些根源的晚期，即拜占庭时期，这些根源因苦修的教父们而获得一定的扩展。这个扩展完全符合教父学的宗旨：扎根于精神实践（灵修）领域——这是教父学话语用来建立和检验自己那些标准的重要部分（与西方古典传统的纯理论标准不同）。转折的全部成果可以用一个总的说法来表达：**东正教唯能论（энергетизм）的发现**。这是一个真正的发现。与它相比，说得粗略一点，莫斯科的序幕是抢跑，因为在那里，在转向静修主义和帕拉马主义时，带有一个偏见的目的（保卫赞名派），还有一种哲学的负担（一切统一形而上学）。现在，思想向东正教

① Florovsky G. V., “St. Gregory Palamas and the Tradition of the Fathers ”, *Coll. Works*, vol. 1, Belmont, MA, 1972. P. 119.

神秘苦修领域的深入终于有理有据、不带偏见地实现了。如果从这个领域的实质及其全部历史规模上看待它，可以获得两个最重要的结论，其中，一个结论是历史性的，另一个结论是哲学性的。

对俄罗斯思想而言，东正教的历史明显地呈现出新的重要环节、新的联系，总体上形成了一条亲缘和承传方面的完整的新线索。对这条线索的重建和研究在很大程度上也是弗洛罗夫斯基的工作，这个工作后来由约翰·梅延多夫神父继续。4世纪，古典教父学不但在奥古斯丁那里获得了拉丁天主教的综合与新发展，而且在认信者圣马克西姆那里也获得了东正教的综合和新发展，这个发展牢固地扎根于神秘苦修的经验之中。此外，在西方，神学发展的下一个阶段出现在阿奎那的学说里。与此类似，在东正教里，在静修主义宗教会议上，以及在圣格里高利·帕拉马的学说里，也达到了神学阐释的新发展阶段——14世纪的“帕拉马综合（паламитский синтез）”。这个综合吸纳了关于神的主题，也吸纳了关于人的主题，和以前一样，以苦修实践的经验为其牢固的支撑。然而，后来这条线索不再体现在思辨里，而是走向隐秘的、“地下的”

存在，保存在为数不多的几个宗教基地，其形式是精神实践（灵修）和精神教导的狭小的、半隐秘的学派。根据弗洛罗夫斯基的看法，在这个时期发生了“假晶（псевдоморфоза）”现象。尽管是非常内在的、间接的，但是在那个时候，甚至这条线索的影响也是深刻而强大的。这个影响实质性地体现在俄罗斯文化的价值和理想的体系里（比如，由此也波及文学），体现在俄罗斯哲学企图实现的俄罗斯文化的精神任务里。正是这个影响在很大程度上成为我们前面提到的与西方传统的那些分歧和紧张的根源。从圣派西·韦利奇科夫斯基（Паисий Величковский）的活动开始，从俄罗斯的《爱善集》的出现和流传开始，逐渐地呈现出教父－静修主义线索的新复兴，以及这条线索走向宗教生活的表面,然后走向文化生活的表面。“转折”标志着这条线索在文化意识里的彻底巩固。

从思想实质的角度看，“转折”还带来了一些更重要的变化：出现这样一种越来越清晰的理解，静修主义和帕拉马主义所谈论的能的（энергийные），或者说是能－协同的（энергийно-синергийные）原则渗透到东正教本体论和人学里，并彻底地决定它们。

我们已指出，转向这些原则的宗教哲学复兴尚未做出类似的结论，它打算把能的观念与一切统一形而上学以前的本体论基础结合在一起。由于这个基础符合基督教柏拉图主义的发展轨道，所以，“莫斯科的序幕”重复了新柏拉图主义者们的道路，他们恰好用亚里士多德的能的概念和一系列派生的观念补充了古典柏拉图主义。因此，洛谢夫完全正确地把他和莫斯科的其他人指出的那个立场表达为“基督教新柏拉图主义”。但是，当他认为这个术语也能够囊括帕拉马主义和静修主义的能的神学时，他就不正确了。帕拉马主义根本不是基督教新柏拉图主义，因为它不是哲学演化的结果，而是来自新的神秘经验，这是基督中心论的和个性的经验。帕拉马主义也是一种综合，但这个**基督教经验的综合**与新柏拉图主义的多神教哲学的综合有很大区别。1351 年普世大公会议的教义决定指出：**人能够与神结合，但不是就本质而言的，而只是就能而言的**。这个说法的第一个部分，即否定部分，与柏拉图主义的本体论是完全不同的，而且不仅仅是与柏拉图主义的本体论不同。对东正教唯能论的本体论基础的思考必然导致这样一个结论，这些基础是一种特殊类型的本体论，这个类型也和整个**“西方古典传统”**的本体论基础不一致。不但在（新）柏拉图主义化了的奥古斯丁线路上，而且在依托亚里士多德的托马斯主义线路上，以及在德国唯心主义的线路上，这个基础到处都具有本质主义的特征，该特征与能的概念是格格不入的，或者说，该特征无论如何都不把这些概念放在首要位置。

这就使我们得出更加一般的结论。俄罗斯思想的“转折”也是在其与欧洲哲学关系上的一个转折，是其哲学史地位上的一个转折。进入俄罗斯思想里的新内容被认为是有机地符合其根本任务的，但这个新内容与俄罗斯思想以前的状况是不相容的。对俄罗斯思想而言，这里发生的变化使得下面的情况成为不可能：俄罗斯思想继续留在西方古典传统内部，仅仅是作为其中诸多哲学学派中的一个学派。非常清楚的是，在“转折”之后的下一个阶段，是什么样的另外一个地位才能完全符合俄罗斯思想——存在另外的、自己的历史轨迹，它直接来自基督教思辨的教父学根源；存在另外的、自己的本体论基础——这些特点非常确定地表明，能够符合俄罗斯思想这个现象的实质的，不是学派的地位，而是独立的、**另外一个传统**的地位。或者准确地说，这是自古以来就有的另外一个传统里的一个阶段、环节的地位。

三、传　统

"西方古典的"传统，或者简单地说，**第一个**传统，可以用下面的主要路标来表达：

4 世纪教父→奥古斯丁→托马斯·阿奎那→笛卡尔和世俗化的唯心主义。[①]

第二个传统，或者说是东正教传统，在我们这里也清晰地呈现出来了，其主要路标是：

4 世纪教父→认信者马克西姆→帕拉马→ 20 世纪东正教唯能论。

"转折"的实质就是废除索洛维约夫的选择：俄罗斯哲学从**第一个**传统向**第二个**传统的过渡，在**第一个**传统里，俄罗斯哲学是作为一个学派而存在的。这

① 借助于古希腊思想，世俗化唯心主义如果不是取代了，那么也是扩展了自己的根源。

里有个预期，由于这个过渡，哲学类型及其主要立场终于与哲学最初的直觉和精神任务完全一致了，因为对俄罗斯思想而言，**第一个**传统是“别人的”，**第二个**传统才是“自己的”。最后这个结论是毫无疑问的，但这里也产生了不少问题。

与**第一个**传统不同，**第二个**传统暂时还不是哲学传统。前面我们已经就意义而言把圣格里高利·帕拉马在**第二个**传统里的作用与托马斯·阿奎那在**第一个**传统里的作用进行了类比。然而，如果不在形式上，而是就实质而言，那么，这个类比无论如何都是不公正的。正如“转折”的所有制造者们强调的那样，帕拉马的思想是教父学的有机延续。这是同一套话语，即思想依然在那个秩序上，按照同样的规则被组织起来；思想所服从的标准，思想用来检验自己的标准所包含的还是那个超理性的成分，以及对与神交往的神秘经验的忠诚和对教会聚和性经验（соборный опыт）的忠诚。在这里，思想的运动在存在－交往的因素里，在个性的和对话的领域里实现。阿奎那的事业则是更替话语：经院哲学果断地为自己选择了亚里士多德的秩序，在这个秩序里，思想只服从自己的自主规则。帕拉马在东方延续了教父学，阿奎那在西方结束了它。经院哲学是下一个阶段，它是在一个明显的方向上展开的，即追求自足和自我发展的理性主权领域的独立。经院哲学还不是这个方向上的最后一步，这里还有教会的教义。经院哲学已经把自己置于孤立的思维领域中，从这个领域内部看，教义就是对理性而言的外部局限、束缚和桎梏，因此，下一个自然的和必要的步骤就是摆脱桎梏，也就是世俗化。随之发生的是与哲学思想的古代根源自由的、畅通无阻的重新联合，笛卡尔为之奠定基础的那种富有成效的哲学思考具备了广泛的可能性。这就是西方哲学的道路，至今依然是哲学思考自身的主干线，亦即正确的道路。

东方选择了“无尽的教父学”之路，这完全符合东正教的主导精神方针。这个方针体现在东正教的名称自身之中：被放在首要位置的是精确地、“正确地”把握存在的方向，从人到神的基本的、本体论的指向。这里拒绝理性的独立，保留话语的教父学特征，即个性的和对话性的特征，保留教父学关于人是“被造物”，是被置于神面前的、有开端的整体这样一个观念。在这里，教义无论如何都不是思想的桎梏，而是滋养和刺激思想的原则。教义是一种特殊的表达方式，它以浓缩的形式把整体与个性的超（但不是反）理性的经验，神人的存在－交往的经验传递给理性。这种神人的存在－交往的经验和理性一样，完全是实在的，绝不是幻想。可以说，这一切都是有价值的和重要的，但毕竟还有一个非常模糊的地方，那就是在这套话语里如何发展哲学？在这里至今还没有哲学，那么，一般而言，哲学在这里是否有可能？

当然，我们无法在这里给出对这些问题的完满答案，因为它们涉及哲学的界定自身，以及哲学与宗教之间关系的实质。但是，指出一些重要路标还是可以的。**第二个**传统不排除哲学思考，但是，它将改变哲学思考的性质。在**第一个**古典的传统里，从笛卡尔开始，思想世界就是古典的笛卡尔世界。“我思故我在（cogito ergo sum）”的论断确立了这个世界的第一个规律——它的几何学——这个世界是笛卡尔的直线坐标的世界：如果纯粹的“我思（cogito）”是“我在（sum）”的充分证明，那么，这就意味着在思想世界里，只有与存在具有同等意义的、因此是自足的思想统治，决定着这个世界的运动（推理发展）规则。任何异质的作用都将被消除，思想沿直线运动（准确地说，思想当然可以按照任何轨迹运动，比如按照黑格尔的“螺旋线”运动，但是，只有思想自身能够彻底地为自己确定这个轨迹）。在两个世界里，即在现象世界和本体世界里，笛卡尔得到了同一个发现：他向两个世界引入了笛卡尔坐标，即古典的直角几何学。但是，在**第二个**传统里，思想世界不是独立的思维世界。在这里，教义能够影响推理的逻辑，本体论和人学的个性特征将影响范畴的特征，这个个性特征包含理性与非理性的内容之间经常性的“分分合合”（帕拉马的说法）。因此，这已经不是笛卡尔的世界，而是爱因斯坦的世界，即弯曲几何学的世界，这里不光是纯粹的思想，所以，思想按照变化的和复杂的规则运动。以上我们已经解释了**第二个**传统不可能拥有柏拉图主义的本体论，现在我们将看到，这个传统不可能拥有古典的笛卡尔**方法**，以及笛卡尔的范畴体系。这个传统应该具有完全是非古典的、非柏拉图的和非笛卡尔的哲学类型，建立这种类型的哲学需要更换范式，这有点类似于我们这个时代自然科学经历的那种范式更替。

哲学从**始源**（Начало）开始。**始源**的主题包括：始源自身，存在者的始源，哲学思想和言说的始源（开端）……和大多数其他主题一样，古典传统在始源的主题上背离了教父的根源，认为作为**创世**与被造物的始源的神学言说仅仅是古老的神话，并赋予关于**始源**主题的另外一个开端（начало），这个开端与从埃利亚学派开始的古代思想结合在一起。但是，**第二个**传统在这里提出了自己的另外一种解释，以此解释为例，可以清楚地看到“无尽的教父学话语”的哲学潜能和哲学特征。

可以立即指出的这些特征是，东方教父学的核心概念“被造物”获得了清楚的解释，如果用海德格尔提出的那对概念，那么可以说，这个解释不是用“形而上学”的元素，而是用“分析学”的元素、现象学观察的元素，解释了被造物是存在的类，这个存在的类有内在的被造属性——被赋予了开端，有“开端性（начальность）”“始源性（оначаленность）”。被造物是**有开端的存在**，因此，“被造性”自然就是有开端的存在的内部形式原则。在古典传统里，关于被造物地位的问题通常是在本质主义本体论的轨道上获得简单的解决，被当作神的存在与经验的、受先天形式限制的存在之间的本体论分裂、本质区分的问题。但是，这里没有对**创世**行为自身的深化和反思，这个行为始终是纯神话的时刻，这一点在很大程度上促成了一个结果，即哲学拒绝了教父学对待**始源**问题的整个立场。然而，**创世**是非强迫性的，**创世**的必然性是缺乏的，只要考虑到**创世**的这个特点，那么，我们就可以按照**第二个**传统得出结论：首先，**创世**有随意性的特征，是意志的行为，因此，这不是本质的行为，而是能的行为；这样，我们在这里就已经进入反柏拉图主义的能的本体论领域。其次，唯能论的因素将会增多和强化。古典思维拒绝整体论的被造物概念，把被造物区分为**理性**（ум）和**世界**（мир）。此外，积极性、自我运动、动态特质几乎完全与前者，即与**理性**相关，正如我们多次强调的那样，**理性**独立了，被排除在人学之外，也被排除在创世的问题之外。实际上，理性经常被解释为无限的和无始源的，因此与神的存在混为一谈。**创世**被理解为**世界**、**宇宙**、“**自然界**”的创造，因此，**创世**就被还原为自然主义的问题，变成了对哲学而言边缘化的题目。与此相反，**第二个**传统发展了对完整被造物的分析，把被造物看作有开端的存在，这个分析不但在本体论上是重要的，而且实质上是本体论的主要内容。

有开端的存在因此是历史的存在，在对被造物进行分析时，第一个**问题**就是有限性的问题，即开端（始源）与终结的联系问题。对这个问题的教父学解决是非常深刻和独特的，直到弗洛罗夫斯基出色的短文《被造物与被造性》（1928）发表之前，这个解决方案几乎没有被理解，也没有获得分析。格奥尔基神父不无根据地认为这篇短文是自己最好的作品。这里的第一个论点是：在开端与终结之间没有必然联系，前者不能导致后者；根据教父学的准则，“神没有创造死亡”（试比较《圣经后典·所罗门智训》1:13）。因此，人在经验上的有限性（死亡）不是被造物的本体论地位，与海德格尔的学说相反，有限性不能被看作对此世存在的界定。有限性只是两个结局中的一个，这两个结局同样都与人的本体论地位相容，因此，可以不接受有限性，也可能没有有限性，它是可以被克服的。有开端的存在拥有非常精致的、的确是非古典的地位，这种地位是双重的、可变的，因为被造性的地位（始源性、开端性）既允许有限的存在，也允许无限的存在——准确地说，这是有开始的存在，但不是有终结的存在，这是半无限的存在，是“辐射状的”存在。弗洛罗夫斯基写道：“可以把被造物比作光线或射线的几何学上的交叉点，这些光线或射线从原点或某个辐射点向无限扩展。”[①] 不过，这个针对“堕落前的被造物”的形象还不完满，它没有包含第二个本体论方案，这就是有开端和有终结的、完全是有限的被造物的方案。然而，历史是唯一的，只有一个方案可以在其中实现，这就意味着，在被造物的处境里，在它的本体论地位上，一开始就包含着它所做的选择，即存在意义上的自我决定的行为，或者是**本体论的分歧**（**онтологическая бифуркация**），这个分歧导致独特的存在本体论和自由属性的内在在场。

因此，教父学把此世存在界定为被造的或有开端的存在，这个定义蕴含着对这个存在的一个评价，即

---

① *Флоровский Г. В.* Тварь и тварность // Православная мысль (Париж), 1928. Т. 1. С. 178.

把它看作原则上开放的、有两个结局的、被赋予了本体论自由的存在。在这里，对本体论而言，被造物是积极的、动态的原则，因此，本体论就成为历史的和事件的。**创世**不可能始终是唯一的本体论事件，以及孤立的和在自身中完满的事件。它必然引起延续，开启历史，而且最重要的是，活生生的、有意志的和自我运动的被造物可以为这个延续做出独立的和有充分价值的贡献——本体论不仅仅是事件的，而且是对话的。相反，在古典图景里，按照宇宙论和自然主义理解的**创世**根本不包含作为本体论意义上自由的代表的被造物，一般来说，也不要求任何延续。对**第一个**传统而言，**创世**是孤立的事件，是自然的或机械的事件。但是，对**第二个**传统而言，与其说存在单独的**创世**主题，不如说这是关于被造存在的地位的大主题，**创世**的方面被包含其中。这个（**创世**）方面是在本体论事件意义上，以及在对话意义上展开的完整历史或戏剧的开端，是其不可分割的一部分。

存在的戏剧有真正的，甚至是尖锐的冲突，因为戏剧的情节是**克服死亡**。存在物面临的两个存在的结局中，一个要求死亡，另一个克服死亡。在这个克服

(自我超越，本体论的超越）里，被造物将获得神的存在之质，因此，被克服的有限性的结局意味着与神结合——神化。根据帕拉马的教义，与神结合只能是能的结合，即被造物的能与神的能结合，是与圣灵的恩赐结合。因此，**始源**的主题，创世和被造性的主题被有机地包含在能的本体论里，在其中将获得非古典的解决。

我认为，这个主题的例子是非常典型的，这个例子至少可以部分地解释清楚，根据**第二个**传统来研究哲学问题应该走什么样的线路。在这里，基本观念和范畴的另外一种独有的特征通常应该导致按新的方式提出问题。对这些问题的解决总是与整套话语的主要原则、核心有一定的联系，这就是协同的原则，即本体论分裂的实在里的能的联系原则。[①] 这些解决方案根本不一定要有绝对的新意。以“另外一个传统”的身份出现的俄罗斯哲学的自我界定根本不以孤立为前提，而是要与西方传统对话，这个对话允许在具体

---

① 对这个原则进行哲学研究的第一次尝试出现在我的书《缄默两部曲》里（см. *Хоружий С.С.* Диптих безмолвия. 1978; опубл. М., 1991)。

问题上有任何形式的接近和共性，而且只有当对话的每一方彻底获得自己的地位和面孔时，对话才变得轻松。**第二个**传统根据与**第一个**传统的差别来进行自我确定，把自己确定为非柏拉图和非笛卡尔的思想。因此，**第二个**传统已经在要求有自己统一的文化空间和问题域。此外，在今天，西方思想自身已经不仅仅是，甚至不再是“古典的西方传统”了。其中有对自己发展道路的批判和偏离的强烈、明显的趋势，这条道路已经很难被称为“主干”了。德里达“与逻各斯中心论斗争”的口号已经拒绝了整个道路的建设性原则，即独立的理性原则的最高作用。在哲学领域发生了对非古典范式的探索和考验，人学和心理学的问题大量涌入，对整体论和对话的视野的渴望在增强。巴赫金著作的巨大影响具有征兆的意义，他拥有在俄罗斯思想和西方思想之间桥梁的许多特征，发挥过渡和联结的作用。

因此，俄罗斯思想的“转折”应该导致它与西方思想的更大分离，这一点根本不是显而易见的。“转折”的实质和意义首先是内在的。“转折”意味着走向成熟，达到彻底的自我界定，这时，俄罗斯哲学不再把研究那些崇高的、模糊不清的问题看作自己的任务，如俄罗斯灵魂的结构、俄罗斯文化的精神、东正教精神性的遗训等，而是研究被毫无疑问地包含在其前史里的那些清楚而具体的现象，如教父学、静修主义、东正教的唯能论。此外，（人们）还会意识到，这些现象标志着一个独立的神学－哲学传统。在这个传统里，生活是另外一种东西，即不是永远不满地游荡在别人家里，从那里把主人拉出来，对他们进行谩骂——似乎这样就可以用俄罗斯的心灵去温暖西方冰冷的生活……

但是，在这里，很可能有人对我们说，难道这不是错误的二择一——离开那个“家”，或者“在那里不满地游荡”吗？难道没有第三种可能——把那个家当作自己的，像所有人一样在那里生活吗？这个问题在其肤浅的、报纸杂志和意识形态层面上完全是个老生常谈的问题。然而，非常奇怪的是，这个问题很少获得实质上的思考。就实质而言，如果把“东西方之间的俄罗斯”问题让给记者们嚼舌，如果立即把个体创造之路的问题区分出来，承认在这些不可理喻的道路上人可以把任何的一个家当作自己的，那么，我们所面临的就是历史存在的本质问题。“认为家是自己的”就意味着把自己的精神处境与这个家里存在的处境等同起来。看来，这种情况是可能的，因为家和在家里的处境实际上是并列存在、给定的。因此，它们是可以接近的，人们可以进入其中，接受它们。然而，我们再仔细看看，它们是这样“给定”的吗？它们在空间上是给定的、亲近的，然而，它们还处在时间的维度上，而且这是精神的、文化历史的时间。在这里，一般来说，亲近感和可接近性可能根本就不存在！这对简单－神话的意识而言不是问题，如在本世纪人们指出的那样，这种意识忽视时间维度的异己性，即这里发生的是对实在进行“空间化（спациализация）”，用空间关系代替历史的和时间的关系。极端的西方派所做的就是这样的事情，他们希望不经过深思熟虑就能“参与到先进文化”里。当追逐“先进”时，人们只能陷入原始的幻想里。西方派的观点就是野蛮人的观点，对他而言，历史是空间里的现成事物的仓库。与他直接对立的是普希金在其临死之前的遗训里以巨大力量表达出来的历史主义：“凭良心发誓，我不想为了世上任何东西而改换祖国，或者拥有另外一部历史。”[1]

但是，很遗憾，普希金的历史主义信仰并没有穷尽问题。在能的实在里，历史的开放性也包含非历史的历史可能性和“后历史”的可能性。历史性的特质可能丧失，“空间化”可能成为一种实在，而不是初级光学的一个性质（不过，在原始世界里，“空间化”是实在，而不是光学性质）。这个可能性与我们的时代有直接关系，因为通向丧失历史的明显道路之一就是全球化（它被认为是我们时代的实质），统一的全球文化的形成过程必然伴随着局部文化和历史的强行传播与混淆的后果。全球化自身根本不等同于对存在的非历史化（деисторизация）。相反，《新约》的历史主义一开始就指向全球场景，这个场景要求把局部历史联合成为统一的**普世历史**。该场景最流行的方案发生在西方中世纪，在我们今天则是俄罗斯的神人类过程理论和夏尔丹（德日进）的学说。然而，在能的实在里，这一切都只是一些方案而已。现在，实在展

---

① [俄] 恰达耶夫:《哲学书简》, 刘文飞, 译, 北京: 作家出版社, 1998 年, 第 231 页。译文略有改动。

示出来的完全是另外一种全球化的特征，即各种历史之间的这样一种联合，在这里发生的不是各种历史的历史性转化，而是它们的历史性消失，是对存在的历史维度的侵蚀，甚至是消除（无论是否正确，这种类型的全球化经常被等同于“美国化”，福山的流行观念“历史的终结”认为，西方自由主义的普遍确立是全球化的标志）。随着这种方案的胜利，不能再说“西方派的观点一野蛮人的观点”，而应该说，基督教历史主义是古老的神化观、原始乌托邦（ретроутопия）。因此，不存在某种立场的先验的“本质主义的”真理性，只有我们在自由之中的存在，我们的开放性和选择。正在展开的全球化应该是什么样？它将是对历史性的消灭，还是对历史性的实现？这个选择是本体论的，这就意味着，选择不是在某一个时刻做出的，无论是过去的某个时刻，还是未来的某个时刻。这个选择永远和我们在一起，是历史存在的内在之质：选择是历史存在空间的结果，这个空间是由本体论的分歧规定的。

现在还有一个众所周知的立场，它也与前面勾勒的“协同的历史主义”战略不同，这就是人们带着赞许的态度广泛讨论的“文化对话”立场。无论如何都不能指责该立场是反历史主义的，相反，在这里，有对历史，对一般的历史存在的特点，以及对每个时代、每种文化的特点的高度敏感性。这里要求进入和深入每个时代，捕捉和理解每个时代独一无二的、特有的本质。人们断定，这个敏锐和敏感的历史主义，与多层面历史的活生生交往是自我意识形成以及精神、个性的增长和培育的唯一富有成效的天然力量。无疑，这一切都很好，但还有一个疑问。在这里，人实际上是理解的工具，是现存历史全部内容的联系中介，是业已发生的历史联合中的联系中介。对我们而言，人（文化，民族）首先是自己以前从未有过的历史的拥有者。这个历史的结局是不可知的和未确定的，因此，历史的实现就是实在地创造新历史。这个实现需要与以前的历史之间有确定的、深刻的关系，但不能把这个实现归结为以前的历史，因为其结局不能在以前的历史里获得，而是在未来的历史里，在开放性和自由里获得。正是这个优先性，向神和未来的这种创造性的转向，塑造着历史中的人的自我意识。文化对话的结果会变成后现代主义诱惑诸多方案中的一个，那时人们将远离历史的创造，为的是在历史里漫步，伴随着与历史里的居民进行聪明的交谈……前面我们大部分时间都在谈论恢复历史、沉入历史，但这一切只是为了开发今天创造的资源。应该善于证明无法轻易证明但可以证明的东西：在今天的哲学处境里，正在向我们呈现的传统有这样一些根本特征——能的本体论和人学，思想的非古典类型和结构——它们能够为正在进行的，对哲学思考的新原则和道路的积极探索做出有价值的和建设性的贡献。

新教父综合观念的哲学诸多方面就是这样呈现的，这些方面再次以新的方式肯定了该观念的深度和富有成效性的结果。

图书在版编目（CIP）数据

俄罗斯哲学研究引论 / (俄罗斯) 谢·谢·霍鲁日著; 张百春译. -- 北京 : 西苑出版社, 2023.4

ISBN 978-7-5151-0859-9

Ⅰ. ①俄… Ⅱ. ①谢… ②张… Ⅲ. ①哲学一俄罗斯一文集 Ⅳ. ①B512-53

中国国家版本馆CIP数据核字(2023)第033750号

俄罗斯哲学研究引论

ELUOSI ZHEXUE YANJIU YINLUN

策划编辑	赵　晖
责任编辑	汪昊宇
装帧设计	黄　尧
责任印制	陈爱华
出版发行	西苑出版社 XIYUAN PUBLISHING HOUSE
地　　址	北京市朝阳区和平街11区37号楼　邮政编码：100013
电　　话	010-88636419
印　　刷	三河市嘉科万达彩色印刷有限公司
开　　本	880mm×1230mm　1/32
字　　数	110千字
印　　张	7.5
版　　次	2023年4月第1版
印　　次	2023年4月第1次印刷
书　　号	ISBN 978-7-5151-0859-9
定　　价	46.00元